ヴィジョンアーキテクトという仕事

谷口江里也

未知谷
Publisher Michitani

ヴィジョンアーキテクトという仕事　目次

ヴィジョンアーキテクトという仕事

第一部

ヴィジョンアーキテクトへの道

はじめに

本日のセミナーのテーマは、『ヴィジョンアーキテクトへの道』ということです。ただ、ヴィジョンアーキテクトと言いましても、その言葉自体が一般的ではありませんので、それはどういうことなのか、私はどういうことをしてきたのか、どうしてそのようなことを仕事にするようになったのか、ということを含めて、お話しさせていただこうと思います。

そのことと同時に、「文化と表現」ということについてもお話ししたいと思っていますが、人間と人間社会にとって、文化と表現ということは基本的にとても重要な問題だと思うからです。人間は長い間にわたって文化を少しずつ大事に育ててきました。ところが、非常に大雑把な言い方をしますと、近代という時代に入ってから、人間性や社会のより良いありよう、といったこととは別のところで、資本であるとか生産テクノロジーであるとか、それ自体が独自の回転をしていくような事柄が重要視されるようになってきました。

たとえば日本には、日本的な風土のなかで長い時間をかけて育まれてきた文化がありました。職人さんたちには職人さんたちの沽券《こけん》のようなものが、お侍さんにはお侍さんの矜持《きょうじ》のようなものがあったでしょう。またお百姓さんにはお百姓さんの意地のようなものもあったでしょう。そのような人たちが日本の文化を育んできたわけですけれど、このところ、日本的な文化を支える根本のようなものが、かなり壊れてきているような気がします。

そういうものが壊れていくということは、ある意味では日本的な文化が衰退していくことを意味します。社会の中に長い時間をかけて蓄積されてきた文化的な資本、文化資本の衰退や崩壊は、すなわちその社会の崩壊につながると考えます。そういうことも踏まえながらお話を進めたいと思います。

私の仕事について

あらためて自分がやってきたことを振り返ってみますと、どうも私は実に行き当たりばったりの生き方をしてきたように思います。しかもこの年になってもまだ、そうやって生きているような感じがして、まいったなあと、我ながら思っております。

自分としては、それなりの脈絡のようなものがあるんじゃないかとは思ってきたのですけれども、その道一筋の、目的を定めてプロ的な生き方をされてこられた方から見れば奇妙で不思議な生き方に見えるかもしれません。

どうしてなのかと考えてみますと、これはどうも、私は友人から頼まれて仕事をすることが多いということと関係しているように思います。その際、その仕事にいつも初めて接するように、先入観を持たずに向かい合うようにしてきました。そうして一つの仕事が終わりますと、そのことはすぐに忘れてしまうところがあります。

次の仕事は、またゼロから始めるというふうに、まるですごろくのように振り出しに戻って仕事をしてきましたので、結果的にはどうしても脈絡がなくてばらばらに見えてしまう、というところがあるように思います。

パリバ銀行の社長をしていた友人からは、「谷口さんは、そういうことをしているから儲からないんだ。毎回新しいことをするから大変なんだよ。お金儲けが上手な人というのは、同じことを何回も使い回して儲けるんだから、あなたみたいにそのつどゼロからというのは大変だけど、まあ面白くはあるのかもしれないね」と言われました。

今回振り返ってみると、私のこれまでの仕事というのは、本の執筆以外はほとんど友人から頼まれた仕事ばかりでした。友だちの範囲は特に広いわけではありませんから、友人たちはみな私がどこで何をしたかをだいたい知っています。ですから同じものを使い回すわけにはいきません。そんなことをしたらすぐに分かってしまいます。シチュエーションもそのつど違いますから使い回しはできません。そういうことも関係しているのかなと思います。そんなわけで、いつのまにか自分のなかに、自分の仕事に関するルールのようなものができました。

基本的に仕事は友人とする。友人から頼まれたら断らない。仕事をできるだけ人間や社会の本質と重ね合わせるようにする。この三つが自分のなかのルールです。そうして結果的にはいろいろな仕事をすることになりました。

それらを整理しますと、私の仕事には大きく分けて四つの分野があると思います。

一つは、言葉を使って原稿を書いて出版してもらうという仕事です。様々なジャンルの本を書いてきましたけれども、雑誌にはほとんど書いたことがありません。頼まれればもちろん書くのですけれども、なぜかあまり頼まれません。それに私自身が、どうも本という形が好きなのではないかと思います。小説家の方たちは一般に書くことが好きですけれども、私は書く事自体がそれほど好きだというわけではありません。いつも本になることを想定して書きはじめて、結果として本になったりならなかったりですが、とにかく本にするために、ほとんど毎日原稿を書いています。

もう一つは、個人とか資生堂のような企業とかに頼まれて建築空間を創るという仕事です。これは建築であったりレストランなどのインテリアだったり、空間のジャンルはいろいろです。

実は、私は横浜国立大学の建築科を一応出ていますけれども、そのころの大学はどこもバリケードで封鎖しているような大変な時代でした。それで学校ではほとんど勉強はしておりませんので、一級建築士の資格などもとっていません。ですから私の建築の知識は全て仕事の現場で覚えたことや、街や実際の建築などを見て身につけたことばかりです。

三つ目は、主に企業や地域共同体などと行なうプロジェクトです。相手によって、また目的や事情などによってプロジェクトの内容は変わりますが、それに合わせてプロジェクトを設計したり、ヴィジョンやコンセプトやプログラムを考え、そのプロジェクトが稼働する時には、それをディレクションしたりします

これまでご一緒させていただいた企業としては、たとえば資生堂、富士ゼロックス、大和ハウス、オリエンタルランドなどがありまして、そのような民間企業の、主に未来戦略ヴィジョンや空間戦略ヴィジョンや、経営戦略ヴィジョン創造や幹部人材育成プロジェクトや、企業資本をどう活かすかなど、いろいろとありました。

そういうなんだか難しいことを考えるプロジェクトを経営者の方々と一緒に推進するというこ

とをやってきました。それは私の中では、後で説明いたしますけれども、今回のテーマでもあるヴィジョンアーキテクトの仕事と関係していると思っています。

どうして何の資格もない私のところに、そのようなお仕事の依頼がくるのかと思われるかもしれませんけれども、先ほど申しあげましたように私の場合、仕事はだいたい友人を通じて頼まれることがほとんどですから、その際、私の友人たちが私のことを企業の社長さんなどに、「この人は経営のわかる不思議な詩人です」などと言って紹介してくれたりします。これまで、それで特に問題もなく、すんなり仕事に進んでいってしまいました。

そのようなかたちで、これまでずいぶんたくさんのプロジェクトをやらせていただきました。故郷の加賀市の市長さんに頼まれて、市のための地域再生戦略計画などをつくったこともあります。残念ながらそれは実行に移されるまえに、その人が市長をお辞めになったので実現されませんでした。

スペインのバルセロナ近郊の巨大な文化リゾート施設創造計画にも関わったり、中国から、一〇〇万人程度の新都市をつくるので、そのコンセプトを考えて欲しいと、これもまた友人を通じて頼まれて、半年以上かかりきりでやったこともあります。諸般の事情からそれ自体は実行に移されませんでした。ただ聞くところによると、どうやら中国では、ちゃっかり私たちのコンセプトを使って街を一個つくってしまったようです。

私の場合、権力とか政治とかがからむと、どうもうまくいかないようです。

四つ目の仕事は音楽です。実は私は中学校の時にビートルズを聞いて頭がすっかりやられてしまいまして、それからは勉強もしないでビートルズやボブ・ディランやローリング・ストーンズとかのポップスというか、もっぱらロックを聞いてばかりおりました。大学に入ってからは自分で歌を創って歌ってもおりました。いわゆるシンガーソングライターです。

大学を出たあと建築設計事務所に入りましたけれども、そこでも仕事をしながら音楽もやっていて、オリジナルのLPレコードをつくったりもしました。これは今、激レアアイテムとして、実は一枚十万円くらいで中古市場で販売されています（笑）。どうやらヨーロッパの、マニアの間で権威のあるレコードコレクション・ブックが誉めたことで激レア・アイテムになってしまったようです。いつまでたっても日本は外国に弱いです。

そんなこともあって二〇〇七年にはそのレコードが三二年ぶりにCDで再発売されまして、そこそこ売れたからでしょうか、三年後の二〇一〇年には、私がスペインに行ってしまったので録音されないままになっていた昔の歌を集めて、三五年ぶりのセカンドアルバムをレコーディングする羽目になりました。ただ、なんせ三五年間ほとんど歌っていませんでしたからギターを弾くと指が痛いし、声を出すのもやっとでした。慌てて少し練習しましたけれども、何度も録音したのでは疲れてしまいますから、いわゆる一発録りということで、なんとか録音してセカンド・アルバムとして出しました。歌は今でもつくっていますので、そのうち機会をみてアルバムをつくろうかなと思ってもおります。

詩人と文化と社会

このようなことを、いろいろとやってきました。で現在、肩書きとしては『詩人』と『ヴィジョンアーキテクト』ですと自分では言っております。本を書くのが好きならどうして作家と名乗らないのか、あるいは建築家と言ったらいいじゃないかとか、都市計画家を名乗るとか、経営の未来戦略に関わるのなら経営戦略コンサルタントと言えばいいじゃないかと思われるかもしれません。ふつうはそうだと思いますし、人からそう言われもするのですけれども、そうしていないのは、考えてみると要するに私のやっていることが、どうも既存の専門職に収まりきらないなあと自分自身が感じているからではないかと思います。

ただ私としては、なんとなく仕事を始めたとして、後になってこんなはずじゃなかったと思われるのは本意ではありませんから、最初から詩人とかヴィジョンアーキテクトとか、そういうよくわからない肩書きを名乗っておれば、間違って仕事を頼んでくる人はいないだろうと、だからそれでもいいかなと、いつのころからか思うようになりました。なんだかよく分からない不思議な人だけれど、それでも一緒に何かをやってみようかな、と思ってくれた人と仕事をやる方がいいかな？　と内心想ったりしているところがあるような気もします。結果的に私のことをよく知っている友人からの紹介で仕事をすることが多いのはそのせいかもしれません。

肩書きを詩人というと、たいがいの人は自分とは関係のない特殊な人だと感じると思います。これがたとえばエンジニアとか大工とか、お豆腐屋さんとかであれば、聞いただけですぐに何をする人かが分かるからいいですけれども、詩人といわれても相手はだいたい困ってしまいます。どうせ非現実的なことばかり考えているヤワな奴かなとか、変人なのではないかというふうにしか思われないでしょう。

実は私もスペインに行くまでは似たような感覚を持っていました。私は詩は大好きでしたけれども、しかし、いわゆる詩人になろうなどとは思っておりませんでした。だいいち詩人になって食っていけるなどとは一度も思ったことはなくて、だから工学部に行ったわけです。妙に高踏的な現代詩というのにも抵抗があって、だから歌を歌っていたようなところがあるんじゃないかと思います。

ところがこのちょっと恥ずかしいような、社会の脱落者のような詩人に対する感覚は、スペインに行き、そこに長く住んだことによってすっかり変わりました。スペインでは実は詩人は大変に尊敬されています。キオスクなんかにも詩集がたくさん売られていて、詩人は社会的に大切な存在でした。

要するに詩人というものの社会的な位置づけが日本とは全く違うということです。日本では詩、あるいは詩人というのは、四季の移りかわりであるとか恋心を歌ったりとか情緒的なことが多くて、そういう個人的な感傷のようなものを言葉で言い表す、それで共感を得ることが詩であり、俳句や短歌も含めて、そのような詩をつくるのが詩人だと一般には思われていると思います。

ところがスペインではそうではありません。もちろんそういう詩もありますし、そのような詩を書く詩人もいます。けれども、詩人の大切な役割というのは別にあって、大きく社会が変わりそうな時とか、社会が混乱しているような時に、あるべき未来、あるいは進むべき道や方向性や希望のようなものを解りやすい言葉で表現し、それを感覚的にわからせてくれる人、言葉を松明《たいまつ》のように掲げて、自分たちの居る場所や、行く手を見せるのが本当の詩人の仕事と思われています。混乱する時代のなかで、みんなが時代のなかで漠然と感じたり迷っている時や、なんとなく新しい価値観や美が生まれそうだなという雰囲気がある時などに、スパッと言葉で、その先を感じさせるというのが詩人の役割だとスペインでは思われています。

つまり観光バスのガイドさんのようなもので、先の方に立って旗を振って、みなさんこちらですよと、ここから向こうに行きましょうと、そういう役割を時代や社会のなかで行なうのが詩人だと思われているわけです。

これはスペインにかぎらず、ヨーロッパでは全体的にそう思われています。ですからピカソの場合でもミロの場合でも、新しい美を創りだす文化的なムーヴメントをおこすような人、そういう人たちのまわりには必ず詩人がいます。

もちろん、そのような社会的なムーヴメントの中にいるいないは別にして、たとえば『神曲』を書いたダンテとか、『失楽園』のジョン・ミルトンのように、長い詩によってこうあるべきだという価値観や世界観、あるいはヴィジョンのようなものを言葉で表して、新たな時代への変化に寄与するような孤高の詩人もいます。

ダンテの場合は、社会的な抗争のなかで敗れてフィレンツェを追放され、生涯故郷に戻れないまま、死ぬ直前まで『神曲』を書いていましたが、この作品は結果的にルネサンスの扉を開くことになりました。『神曲』は長篇詩ですけれども、ヨーロッパでは詩人というのは、そういうヴィジョンを社会化する役割を歴史的に果たしてきました。


またスペインには、たとえば第二次世界大戦の前の市民戦争の時、フランコのファシズムと、それに対抗する市民戦線政府との闘いにおいて、リーダー的な役割を果たしたラファエル・アルベルティのような詩人がいます。闘いに負けてスペインが軍事独裁政権になってからは、この人をはじめアントニオ・マチャードなどの多くの詩人や芸術家がピカソやミロやカザルスと同じように国外追放になったり、自らスペインを出たりしました。

このラファエル・アルベルティとは、私は幸いなことにといいますか、ラファエルと親しかった写真家のロベルト・オテロという、ピカソとも仲の良かった、私より十八歳年長の親友をとおして、スペインが民主主義の国になってラファエルがスペインに帰ってきてマドリッドに住んでいた晩年に知り合いになりました。彼の自宅に行ったり一緒にレストランに行ったりしました。歳をとってはいても、とてもカッコいい人でした。外出するときなどには、彼はもともとアンダルシアの港町の出身だったからか、地中海の海の色のような、とても鮮やかで奇麗なブルーの長いマフラーをさっと肩に掛け、さっそうと路を歩いて、カフェとかレストランに行くと女の子たちがキャーキャー言うような大スターでした。

市民戦争の時には、そういうアルベルティのような詩人が象徴的な存在として闘っていました。ラファエルは一時、人民戦線政府の文化長官だったことがあって、その時に友人のピカソをプラド美術館の館長に推薦して、大統領によって正式に任命されました。ですからピカソはプラド美術館の館長だったわけです。これはロベルトから聞いた話ですが、ピカソは冗談話として、俺はラファエルに言われてプラド美術館の館長になったけれども、それから解任された覚えはないのでいまでもプラドの館長だと言っていたそうです。

このように詩人は、もちろん画家や建築家もそうですけれども、スペインでは一般に美や文化を創り出すアーティストが、とりわけ詩人がとても尊敬されて大切にされています。どうしてかといえば、それが国の現在や未来にとって重要だと認識されているからだと思います。ですから新しい文化的なムーヴメントには必ず詩人が関係しています。フランスの文化大臣に詩人が多いのもそういう背景があるからでしょう。

ただ世界的なアーティストというのは、実はその人一人で存在しているというようなことは少なくて、基本的には多くの場合、素晴らしいチームに支えられています。ピカソもミロも、必ずしも意図してそうしたというわけではないでしょうが、結果的に見れば、才能のあるアーティストの周りには、まだその人が認められていない頃から、その人が創り出そうとしている新しい価値観や新しい美を社会に認めさせて世に出して行くという働きをする人たちがいます。そういうチームが自ずとできていきますし、そういう人たちが文化の立役者になっていきます。そういう人たちが力を合わせてアーティストをもり立てて新しい美を社会化していきます。

ちなみに、新しい美のありようを創りだすのが詩人やアーティストの仕事だとすると、政治家というのはそれではどういうことをする人なのかということですが、それは本来は、国や街やそこで暮らす人々の暮らしをより良い方に持っていく人、安心して仕事をして喜びを得られるような暮らしができる仕組みをつくる、生活の場をつくる経世済民という仕事をするのが政治家の役割だと思います。残念ながら日本ではいまは既得権者の代弁者の集まり、あるいは政治家自体が既得権者のようになってしまっています。

しかし最初に申しあげましたように、文化というのは人間性を育む最大の社会資本ですから、それを豊かに享受できる仕組みを創ることが、一番大切な仕事なんだと思います。それこそが政治家の本来の仕事だと思います。私などにはそのような力はありませんので、少なくとも新しい価値観つくりに関わると想えるようなことを個人的にやっています。

それはともかく、新しい文化ムーヴメントを社会化するためには、そうやってチームを組んでやっていくわけですけれども、たとえばルネサンスのメディチ家のように、ヨーロッパには古くからパトロン的な精神が社会の中に根付いています。

たとえばスペインには、銀行というのは利益の半分を文化に還元しなければいけないという法律がありました。ですからすべての銀行は文化財団を運営していましたし、今もしています。つまりそういう形で社会に利益を還元していってはじめて、人さまから利子をもらう銀行としての役割が果たせるという、そういう文化風土があるわけです。

先ほど申しましたように、まだ認められていない新しい価値や美を社会に広めていくのがアーティストやそれを取り巻くチームだとしますと、日本の場合はどちらかというと、すでに権威付けされたものを社会が取り込むような形が多いように思います。日本で人気のある印象派なども、すでに社会的な価値を持ったものを商品として、あるいは財産として輸入するということをやってきました。しかしこれは文化を創るという観点からはもちろん、ビジネスとして見ても一番つまらないやり方で、たとえば有名になってしまったピカソの絵を高く買うということですから、ピカソやミロのようなビッグビジネスをつくりだすことが出来ません。

それにそういう形ですと、ヨーロッパなどのアートシーンの信頼を得ることも出来ません。ですから日本に入ってきている作品というのは特別な場合を除いて有名作家の二流三流の作品、ということになってしまいます。これはヨーロッパのアートシーンの中にいると非常に良く分かります。なんと言いますか実にうまく操られています。そういう意味ではヨーロッパでは良いものを創りだすことに参加し育て、それを護るということがトータルとして大変重要な仕事だと思われています。画廊なども、日本では多くの貸し画廊というのがあって素人さんがお金を払ってさかんに展覧会をしていますけれども、ヨーロッパではそういうことはありません。画廊や美術館や劇場などは、新たな美を送り出したり、古い物を含めて美を護るということに関して強い気概を持っています。

小さな画廊のオーナーであっても同じです。この画家は私が育てた、というようなプライドを持っています。私の友人のマドリッドの大きな画廊の女性オーナーも、とても素晴らしい、日本なら入場料を取ってやるようなレベルの企画展をしょっちゅうやっています。

入場はフリーですから、当然若い人たちもたくさん見に来ます。どうしてこんな大変なことをやるのかと一度聞いたことがありますが、そのとき彼女は「何を言ってるの、あそこにいる名前も知らない若い子が、いずれは私のお客さんになるかもしれないんだから」と言いました。つまり彼女はとても長い目で見ていて、肝心の商売の方は上の階にある素敵な部屋で顧客を相手に優雅にちゃんとやるわけです。そういう文化的なグラウンドの上にアートは成り立っています。

ミロなども実はそういう素晴らしい文化的なチームに支えられていました。大変ラッキーなことに、私はスペインに住んでいました時に、そういう人たちと友だちになることができました。たとえばイビサ島の画廊でたまたま知りあって、その後親しくなって家族同然のおつきあいをしてくれた、私より四十六歳も年上の写真家で実業家のジョアキン・ゴメスさんという人がいました。この人はバルセロナのミロ美術館の初代館長を務めた人で、スペインの文化運動の立役者のような人でした。

ゴメスさんは、若い頃からミロといろんなことを一緒にやってきましたけれども、ADLANという名前の、「新しいアートの友」という意味のグループの中心的存在でした。バルセロナの文化ムーヴメントをリードしたグループの仲間には、彼と同じ歳の建築家のセルツや、もともとは老舗の帽子屋でギャラリーを始めたファン・プラッツや、しばらくしてフランスの巨大な画廊になったマーグさんとか、そういう人たちが一緒になって、わいわいアイデアを出しあいながら、ミロならミロをもり立てたり新しい展覧会を企画したりします。

つまり彼らは文化的な場を創り出して、それを社会に定着させていくわけです。そのためにいろいろなことを仕掛けたり、新聞や雑誌に記事を書いたり、またマーグやプラッツは、まだ社会的に評価されていない作家の作品でも自分たちがいいと思うものに関しては積極的に自分たちの画廊で展示して、彼らの社会的、文化的な信用によって、それを顧客に売ってマーケットそのものを創って行くわけです。

こうしたチームにはだいたい詩人が入っていて、ピカソは特に詩人の友だちが多かった画家でしたし、ミロの場合もジャック・デュパンという、ミロの版画のカタログを創ることになる詩人がチームにいました。ミロの絵のタイトルには非常にポエティックなものが多いですけれども、晩年の作品のそのかなりの部分にジャック・デュパンが関与しています。


ちなみにヨーロッパでは、建築家というのはアートと社会の両方に通じていて、文化を具体的な形を持つ社会資本として社会に定着させる人だと思われていますから、優秀な建築家というのは非常に尊敬されています。

ゴメスさんと仲が良かった建築家のセルツも社会的に大変尊敬されていて、ゴメスさんと一緒に若い頃からバルセロナの芸術運動に貢献した人です。彼はスペインの第二共和国政府時代、パリ万博の時にスペイン共和国政府館を設計しました。そのときに政府館の巨大な壁画をピカソに依頼したのがセルツです。

そのときにはまだゲルニカという名前はなくて、依頼された後で、ナチスがフランコの要請を受けてゲルニカという街を爆撃するという悲劇があり、ピカソがそのことに触発されて描いたのが現在残っているゲルニカです。

そのときにセルツは政府館の反対側の壁画をミロにも依頼しました。そのときにミロは『刈り入れ人』という、やはり巨大な絵を描きました。ところがそれはなぜか万博の後で行方不明になってしまいました。ゲルニカは残ったのですけれども、ミロの作品は行方不明になってしまいました。

もし残っていたら、今、二つの作品を向かい合わせて、二人の作家の戦争や独裁政権や暴力に対する抗議として、あるいは闘う意思の表明だというエピソードと共に展示すれば大変意義深いと思いますけれども、残念なことにミロの方は失われてしまいました。

ちなみにバルセロナのミロ美術館やパルマのミロの自宅や現在美術館になっているアトリエを設計したのもセルツです。この同じチームが、カルダーとかタピエスとか、たくさんのアーティストを有名にしました。ゴメスさんは写真家ですから写真を撮って本にして広めたりもしました。

新しい美の価値を社会に認めさせるというのは、これはもう文化的な闘いだと私は思っています。ですから優れた美術館に飾られている絵というのは、そのような文化的な闘いの勝利の証だと私は思っています。

一般的にはあまりそういうふうには見られなくて、美術館に行くと、まるで最初から権威付けがされていたかのように感じますけれども、全ての歴史的な作品は、そのような闘いの結果としての勝利の証として壁に飾られているのだと私は思います。ただ最近はそういう社会性は薄れてきている感じがします。本質力や普遍力よりも個々の自己表現欲のほうが強くなっているのかもしれません。全体的にそういう傾向になっている気がします。

話をもどしますと、画家と共に文化的な闘いを担ったゴメスさんとか、ピカソの友だちのロベルト・オテロとか、同じくイビサ島で知りあったエステバン・サンツという天才画家とか、私はスペインに行ってしばらくしてから、そういうアートシーンや文化的なムーヴメントの中心的な人たちとなぜか仲よくなり始めました。

そのうちそういう人たちから、なぜか私は「ポエタ」と呼ばれるようになりました。ポエタというのはスペイン語で詩人ということです。私が彼らに詩を見せたことがあるというわけではありません。もしかしたら、その頃私はまだ若くて何者でもなかったので、彼らからすれば、ほかに言いようがなかったのかもしれません。とにかく人に紹介する時に「こいつは私の友だちの詩人だ」と言うわけです。

ゴメスさんに関して一つ忘れられない思い出があります。ゴメスさんはプリントアート、それも大衆的なプリントアートの世界一のコレクターで、特にベルエポックの時代の『クロモス』という多色刷り版画の小さなシールや手彩色の写真などをたくさん持っていて、私はそれを素材にして小学館から『一〇〇年前のヨーロッパ』という四巻本を出版しました。

そのためにバルセロナのゴメスさんの自宅でしょっちゅう写真を選んだりして仕事をしていたのですが、ある日ゴメスさんが「明日一緒にミロ美術館に行こう」と言いました。私たちはいつも彼の家の中で話をしたり本を見たり、料理人と夫人がつくる美味しい料理を食べたりしていて、一緒に外に出ることはほとんどなかったので、どうしてかなと思いましたけれども、聞けば親友のミロが亡くなって初めて開かれる大回顧展だということでした。

通称ミロ美術館は正式には『ミロ・ファウンデーション・現代美術研究センター』という名前で、そこから自由な表現を世界に向けて発信するために、そして時にはアート作品のフリーマーケットのようなことを行う場所にしようとゴメスさんとミロが話し合ってつくった美術館です。ゴメスさんは『ガウディ友の会』『ADLAN』などと同じくそこの初代会長《プレジデント》でした。

翌日約束の時間に彼の家に行くと、いつもはごくカジュアルな服装をしているゴメスさんが、まるでイギリスのジェントルマンのようなバシッとしたスーツ姿をしていました。私はといえばいつものように擦り切れたジーンズに皮のジャンパーという普段着姿でしたけれども、二人でそのまま車に乗ってミロ美術館に行きました。行ってみて驚いたのは、ゴメスさんの到着を大勢の人が美術館の入り口で出迎えるために外に並んで待っていたことでした。

見ればミロ美術館の館長はもちろん、カタルニア州政府知事、バルセロナ市長などのお偉方が勢ぞろいしていて、おまけに画家のタピエス、詩人のジャック・デュパンまでもがいました。私はびっくりしましたけれども、ゴメスさんはいつものように穏やかな笑顔を浮かべながら私の方を見て一緒に入り口に向かい、館長が開けてくれたドアを通って中に入りました。その時館長が「このお方はどなたですか」と小さな声でゴメスさんに尋ねましたが、それに対してゴメスさんは「私の友人の日本人の詩人です」とはっきりと通る声で言いました。そう言われてしまえば私の風体がいかに場違いであっても誰も何も言えません。何しろゴメスさんはミロの親友であり美術館の初代館長でありスペインの『ソフィア王妃芸術文化功労賞』の最初の受賞者でありバルセロナのアートムーヴメントの立役者なのです。

その日はなんと、ミロが亡くなってから初めて開かれた大回顧展の内覧会でした。中に入ってすぐに館長がゴメスさんを案内し始めると、気後れする私にゴメスさんは横に一緒にいるように言い、それで作品を見はじめました。その時ゴメスさんは館長の後について歩き、一つひとつ作品を見ながら、これはこういう時に描いたのだとか、いろんなことを話すのですが、それをなぜか私に向かって、まるで二人で作品を見て回っているかのように他の人を全く無視して話すのです。驚きました。

そうしてしばらくいろんな作品を見て、いよいよポスターにもなっている展覧会のメインと目される巨大なタペストリーが飾られている前に来た時、ゴメスさんが私に向かって「この作品をどう思うかね?」と尋ねました。いきなりそんなことを言われても何と言えばいいのでしょう。それでも彼がじっと私の目を見たので仕方なく、思った通り正直に「ほんの少し奇妙(extraño)ですね」と言いました。

それに対してゴメスさんの口から出た言葉は「そうでしょう、これは偽物です、ミロではありません」というものでした。仰天しました。それはミロの下絵をもとにして織り上げた、壁一面を覆い尽くす巨大でやや立体的なタペストリーでしたけれども、その展覧会の目玉というべき作品を館長やお偉いさんの前で、みんなを見渡して偽物（falso）だと言ったのですから周りが一瞬凍りつきました。

ゴメスさんはそれから何事もなかったかのように作品を見て回り、そしてミロのリトグラフの連作『バルセロナ』の前に来た時、私に向かって「これがミロだ、これが本当のミロだ」と、油絵でも彫刻でもなくそれほど大きくもない版画を見ながら大きな声でそう言いました。

後のことは覚えていません。見終わってまた二人でゴメスさんの家に帰りましたが、どうしてあんなことをゴメスさんがしたのかはわかりません。もう亡くなってしまったので今更聞くこともできません。ただその二言だけは今もはっきり私の耳に残っています。

今にして思うのは、あれは私に対して言ったと同時に、展覧会の主催者たちに向けて言ったのだろうということです。美しいものが大好きな彼はいつも自宅で私にいろんなものを見せながら話をしてくれましたけれども、それは彼の美に対する想いや考え、あるいは姿勢を私に伝えていたのだと今更ながら思います。展覧会の中でも普段と同じように私に接しながら、同時に、これからミロや美を広める立場にある人たちに、大切なことは何かを自然に、そして毅然と諭していたのだろうと思います。

そのような人であったからこそ、一部からはバルセロナの恥とまで言われて無視されていたガウディを世界に認めさせる働きができたのでしょうし、モデルニスモの建築の美しさや、イビサ島の人々の生活の中の美を写真集にして広めることができたのでしょうし、タピエスやカルダーなどの偉大なアーティストたちを世に出す働きもできたのでしょう。既存の価値観や常識に囚われずに美の王道を歩み続けたゴメスさんならではの思い出です。そんな彼から詩人と呼ばれて親しくされたことは、どこかで私を強く支えてくれているような気がします。

話が横道にそれてしまいましたけれども、銀座の資生堂ビルの建設の時に私のチームに入ってくれた世界的な建築家のリカルド・ボフィルも私のことを人に紹介する時に「これは友人の詩人で哲学者でしかも建築家のエリヤだ」と、そういう順番で人に紹介します。

最初は照れていたのですけれども、たびたび否定するのも面倒ですから、そのうち馴れてしまいました。しかし考えてみるとスペインでは詩人の評価というのはとても高いわけですから、本来は嬉しい、身に余る光栄です。それでせっかく彼らがそう呼んでくれたのだから、まあいいかということで、私は日本に帰ってもあえて詩人と名乗ることに決めました。

もう一つの肩書きの、ヴィジョンアーキテクトというのは、これも単純な成り行きで、山下設計という大きな建築設計会社の社長さんが、あるとき私に、「谷口さんはヴィジョンアーキテクトと名乗った方がいいと思うよ」とおっしゃいまして、なかなかいい響きだなと思って気に入って、それからそう名乗ることにしました。

私にとっての空間

そんなわけで、私は詩人とヴィジョンアーキテクトと名乗っているわけです。先ほどの四つのジャンルの仕事のことをさらに考えますと、私は結局「言葉と空間」のことを、ずっと考えてきたんだなと、今さらながら思います。ただ「空間」という日本語は明治時代に「space」あるいは「place」という言葉に対して福沢諭吉がつけた訳語のようですが、どうもあまりいい訳語ではないと思っていて、もしかしたら「時空間」あるいは「場所」と言ったほうがわかりやすいかもしれません。

それはともかく、どうやら自分は「言葉と場所」、あるいはその関係のことをずっと考えてきたのではないかということに気付いたのは実はかなり最近で、どうもいろんなことをシャッフルして整理してみるとそういうことかなと、恥ずかしながらこの年になってようやくそう思うようになりました。つまり空間あるいは場所と、それを構成する広い意味での言語というものに興味があるんだろうと思います。

本はもちろん言葉で構築したイメージ的な時空間ですし、建築は物という表現言語で構成された時空間です。プロジェクトは突き詰めれば会社や地域の明日の営みの場所をつくる仕事です。

そのプロジェクトを通して、新しい商品なり新たな営みなり、それを担当する新たな部署とか子会社とかが出来たとすれば、会社という場所そのものが変わることになります。ですからそれもやはり一つの時空間創造だと思います。

さらに言えば、地域で行政が条例などによってルールや制度や仕組みのようなものを変えれば、その瞬間から街という空間や暮らしに変化が起きます。つまり法律というのも非常に強い時空間構成言語です。税制もそうですね。つまり時空間もしくは営みの場所はいろんな要素や方法によって構成されていて、その時空間のどこをどうすればどう変わるのかということにどうも私は関心があるようです。音楽はもちろん一瞬にして特有の時空間をつくりだす魔法のようなものです。

建築は建てるのに時間もかかりますし、いったん創られれば長い間存在し続けて、さまざまな営みの舞台になりますから、そこには時間が大きく関係してきます。時間というのは言葉を換えれば物語やプロセスや歴史ということです。私たちは一般に「空間」と言っていますが、その言葉にはなんとなく日本独特の曖昧性を感じます。くり返しますが、空間というのは常にそこでの営みと関係しますから、「時空間」もしくはシンプルに「場所」と言った方がいいと思います。

ただ、時空間というのはあまり馴染みのない言葉でしょうから、ここでは普通に空間という言い方をしますと、空間構成言語というのは空間を構成するために何を使うかということ、言葉とか石とか音楽とかルールとか、そういう空間を構成する際の道具のことだと私は考えています。整頓するとそういうことかなと思います。

では空間を創るというのはどういうことかということですけれども、端的に言えばそれは内と外とを区切る、そして両者の関係のありようを創ることだと思います。

たとえば憲法のように、言葉でつくられた空間もあります。これが日本という国だし、これは日本ではないという風に、言葉で日本という空間のありようを、その内と外とを規定しています。言葉であれルールであれ石の壁であれ、とりあえず内と外とを区別するそのありようが空間をつくるということです。因みに、憲法を正しく読めばこんな国という副題を添えて『理念から未来像へ』（未知谷）という本も出しています。そこでは、日本国憲法と自民党の改憲草案との空間のつくりかたの違いについて書きました。

共同体であれ家であれ街であれ、人間は太古の昔から内と外とをわけることで何らかの空間性を創り出してきました。その内と外との境界を広げたり狭めたり、内では何をやるのかということを考えたり工夫してきたように思います。

ですから新しい営みをつくるには、あるいは既存の営みに変化を起こすには、どのように内と外を、そしてその境界と内と外との関係のありようをどう設定すればいいのか、ということを考えることが空間を考えることかなと思います。そういう意味では、たとえばヨーロッパの家の壁は石でできていたりして、街も含めて総体として境界がハッキリしています。ところが日本の文化風土では実はこの境界、内と外とが極めて曖昧です。それは日本文化の良さでも悪さでもあると感じます。

空間というのは先ほど申しましたように、さまざまなありようをしています。その中に、たとえば変化を起こそうとする時に非常に手強い空間がいくつかあります。まず最も手強いのは私という空間です。そして社会や時代という空間もなかなか難しい空間です。これらは境界そのものが一見曖昧なようだけれども、実際には非常に強靭な伸縮自在の薄い透明のゴムの膜のようなもので出来ています。しかも私という空間と社会という空間は、かなりの部分が重なりあっていて、建築などに比べればかなりややこしい空間です。

具体的な建築空間でも、日本では縁とか障子戸や庭と一体になった座敷のように内と外が極めて曖昧です。それにはそれの良さがありますけれども、個人や社会という空間では、最近では悪い部分がどうも目立ってきている気がします。政治家と一般人の違いが曖昧だったり、内と外の違いをはっきりさせない、あるいは意識すらしないということがより進行している気がします。そしてこの悪い部分がもしかするとインターネットによって助長されるのではないかと、ヨーロッパやアメリカのように個が確立しているようなところはそうでもありませんが、個と社会とかの境界感覚やその認識が曖昧な日本の文化風土においては、悪い状況につながっていくのではないかと個人的には虞《おそ》れています。

ともかく、空間によって、つまり内と外を分けることによって、そこで何を育もうとするのか。実はそのことが建築を含めた空間創造にとって、最も重要なことです。内では何をするのか。それは外からみたらどう映るのか、そういうことが明確でないと本当は図面というのも描けない、境界をどう設定するのかが分からなければ空間が成立しないはずだと私は思っています。端的に言えば、それを考えるのが、ヴィジョンアーキテクトの最も大切な仕事だと思います。

建築というのは、たとえば壁をつくったら、その向こうには行けないわけですから、社会におけるルールつくりと同じですが、もっとハッキリしています。たとえば廊下をつくれば人はそこしか通れません。外の景色は窓などからしか見えませんから、どこに窓や開口部をつくるかは重要です。そういう明解なルール創りが空間設計です。

建築のように形として目には見えないけれども、ルールや法律もはっきりと内と外とを区別します。ボールを手で持って走ればそれはサッカーではなくなります。建築やルールづくりというのは人や社会や会社にとって、今を育み明日を創る広い意味での人間の営みのための空間資本創りです。ですからとても大切な仕事です。

私は、言葉と空間は人間と人間社会にとって最も大切なものと思っています。想いを共有し合う言葉が無ければなにも始まらないし、空間がなければ人は生きていけないからです。だから人は営々と音であれ言葉であれ物であれ、いろんな言語を使っていろんな空間を、私の言い方をすれば時空間を創り出してきたのでしょう。

人間と動物との大きな違いというのは、さまざまな美のありようを求めて文化を営々と創り出してきたということで、それには時間や空間が大きく関係していると思います。言葉であれ建材であれ、時空間を構成する言語を人は創り出し、それらを工夫を重ねて琢磨してきました。

この機会に、さらに考えてみましたところ、どうやら私は本を書く時もプロジェクトをやる時も、どうも詩人とヴィジョンアーキテクトという、すこし異なる役割《ポジション》を行ったり来たりしているように思います。本を書く時もヴィジョンアーキテクトの目で見ている自分がいますし、プロジェクトをやっている時も詩人の目で見ている私がいます。つまり言葉と空間の関係やそれによる変化のことをいつも考えているように思います。

たとえば本を書く場合、私は最初になんとなくヴィジョンアーキテクトの目で、表すべき時空間すなわちヴィジョンをおおまかにシンプルに設計します。その設計のとおりに、思い描いたヴィジョンという空間の中をアリのようにこつこつと進みます。時間は不可逆ですから、途中で初めに戻ったりすることなく、一つの流れの時間を生きるように書いて行きます。

そんなわけで書いた後は、修正はしますけれども書き直すということはほとんどありません。ただ後書きだけは書かないで残します。これは出版社が決まってレイアウトした時のページ数の調整の余地などのために残しておきます。それと本と時代との関係を「あとがき」で書くために残しておいたりします。ヴィジョンは普遍的な何かと共にありますけれども時代は刻々と変わるからです。

ただ、つくろうとする時空間によるスタンスの違いというものは自ずとあって、本の場合は公共空間のようなもので不特定多数の人々を相手に、要するに時代とか無限定の時空に向かって詩人として言葉を連ねますけれども、プロジェクトの場合はクライアントがいますから、プロジェクトの推進主体との関係が大切で、クライアントが求めていることや、その可能性の広がりにターゲットを絞ります。それが仕事のテーマになります。そこが大きな違いです。それでプロジェクトに関わる時には詩人的な感覚も用いますけれども、ヴィジョンアーキテクト的なことの方により重点を起きます。

ヴィジョンアーキテクトの仕事について

ちなみにプロジェクトをやる時に私がヴィジョンアーキテクトとして、具体的にどういうふうにしているかということについて、資料を見ながら少し具体的にお話しさせていただきます。

私が空間プロジェクトを行なう時には通常、エリアス クリエイティヴ スターシップという私の会社の業務として行ないます。私は建築とかプロジェクトの仕事をする時には、この図のように、一般的にはちょっと面倒くさそうに見えるプロセスを踏みます。ただそれは経験的に、どうもそれが結果的に見て最も効率が良いと思えるからです。

最初の重要基本条件の把握（1）というのは、プロジェクトを把握するために不可欠なことで

ヴィジョナリープロジェクトの遂行のための基本的作業とプロセス

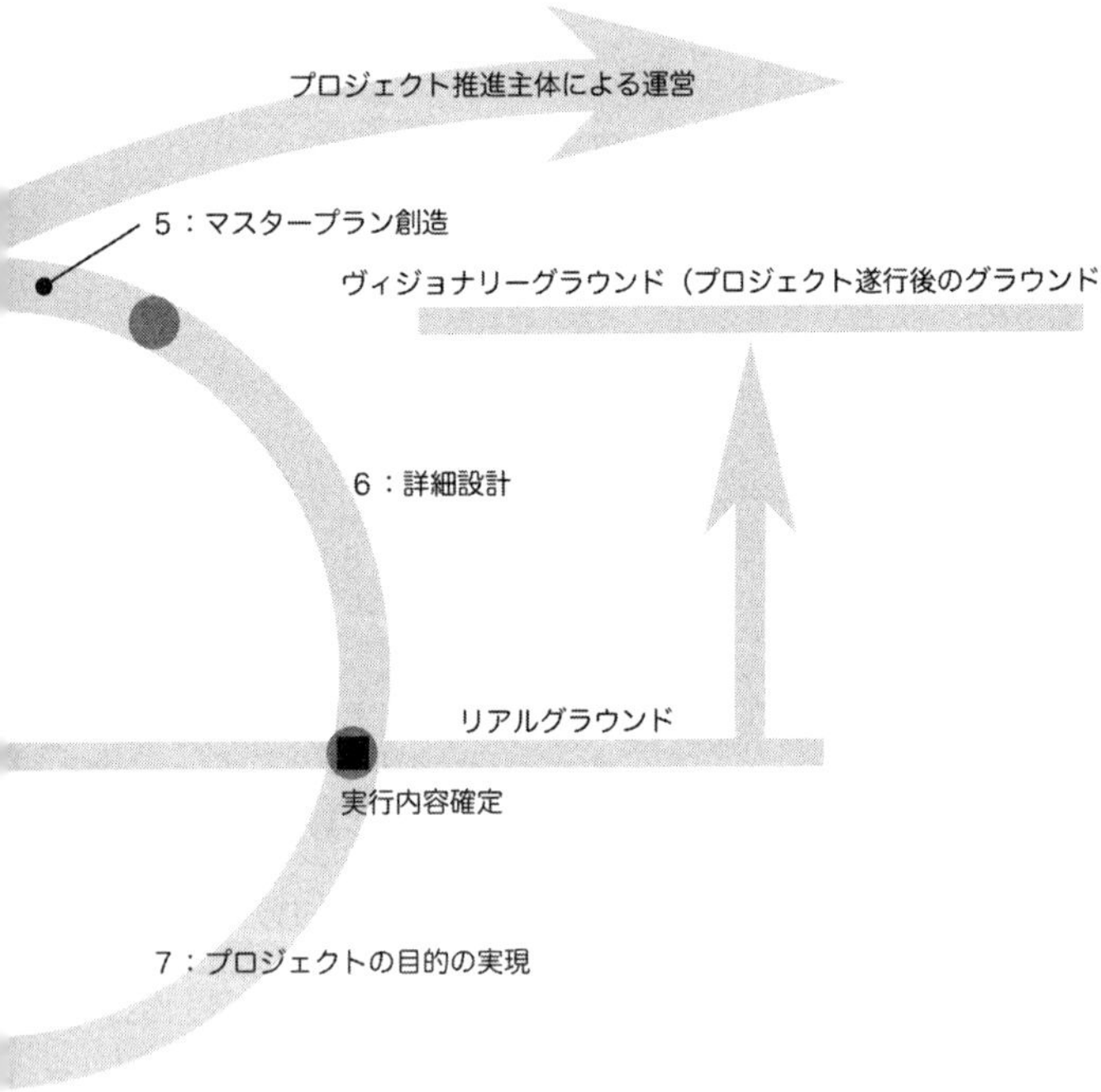

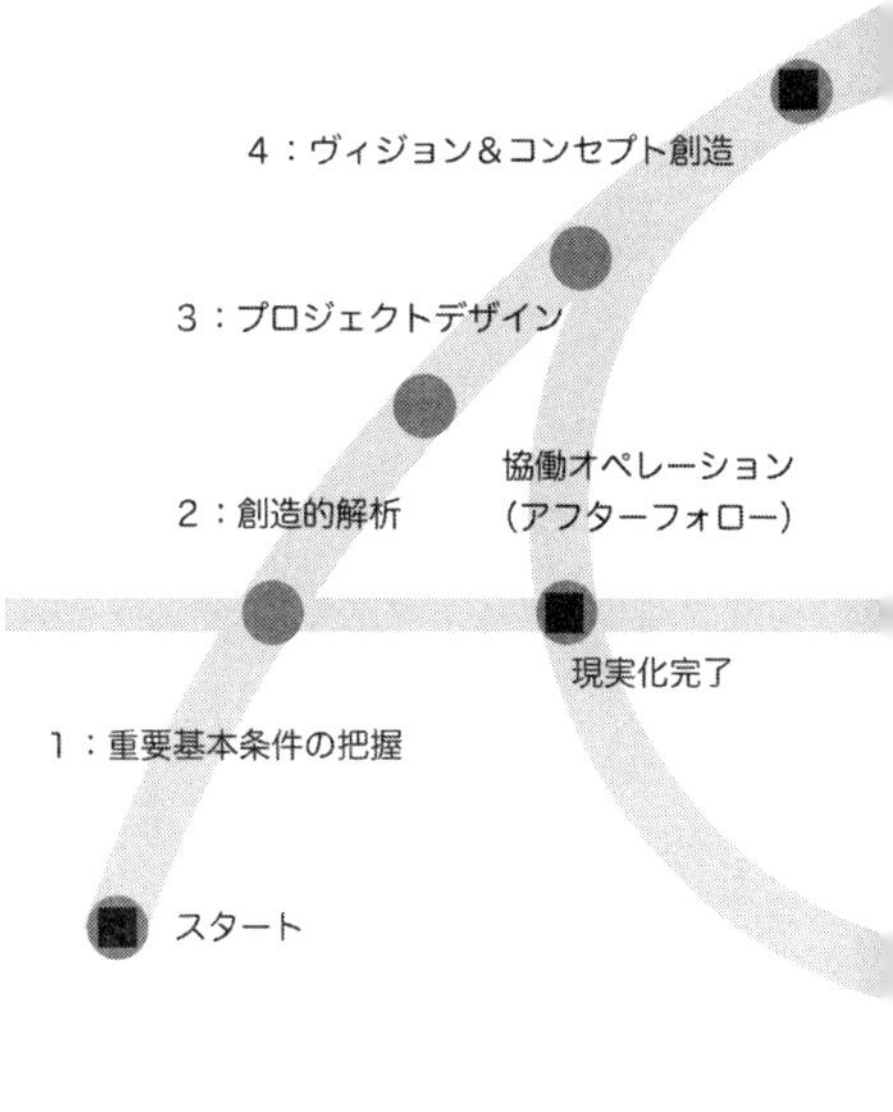
4：ヴィジョン＆コンセプト創造
3：プロジェクトデザイン
協働オペレーション
（アフターフォロー）
2：創造的解析
現実化完了
1：重要基本条件の把握
スタート

す。建築などの場合は一般的には「建築与件」というような形で、さまざまな条件などが提示されたりしますけれども、それとは別に自分自身の観点から全体を把握する必要があります。

次のクリエイティヴアナリシス（創造的解析）（２）というのは、プロジェクトに応じて可能性や問題点などを解析する作業です。

その次にプロジェクトを、どのようなものとするか、どのような体制で何に向かって行なうかなどのプロジェクトの概要をデザインします（３）。

さらに次は、その事業を実現するためのヴィジョンやコンセプトや、おおまかなスペース要素や構成を考えます（４）。この四段階目までが私の場合は非常に比重が大きいです。ここまでの良し悪しがプロジェクトの結果の是非をほぼ決定します。またこの部分は最終的にプログラムやオペレーションと大きく関係してきます。


私がヴィジョンアーキテクトと言っている仕事と、いわゆる建築家との違いは何かということを簡単に申し上げますと、ゼネコンや工務店の中には総合的に建築を考えておられるところもありますから一概には申せませんけれども、建築家と言うのは一般にクライアントからある一定の条件、つまり建築与件を与えられて、それを満たすように空間を設計するわけですし、建設の際には設計通りに建てられているかどうか実施設計監理をしたりもします。

私の場合は、もちろんそういう一般的な仕事もありますけれども、少し違うのは、設計与件そのものを創ることに参加するということ。与件を与えられて始めるのではなく、クライアントがそのプロジェクトを通して何をしたいのか、あるいはその建築を通して何を実現したいのか、何ができるかということをクライアントと一緒になってまず考えるという、そういうスタンスで始めるということです。つまりクライアントのプロジェクトパートナーになるということです。

みなさんもよくご存じのように日本には昔、棟梁という役割がありました。私はこれを非常に興味深い役割だと思っています。京都なんかの棟梁さんなどは今でも普段から旦那さんとのおつきあいがあって、旦那さんの好みなどを良く知っていますし、行事の時に何をしたらいいのかというようなことも把握しています。

それで旦那さんがお酒を飲みながら、今度こういうことをやろうと想うんだ、何かつくりたいなとなった時に、それじゃあ茶室をつくるのか、いやそんなことはしないで祭りにこういうふうに関わりましょうよとか、いろいろ相談にのって、いざ建築を創ろうということになったら、その目的に合わせて、じゃあこの左官だなとか、この大工だなとか、石工さんとかを集めてきて全体を指揮するわけです。最初から最後まで、できた後も含めて全体に気を配ります。

京都の棟梁と比べては恐れ多いですけれども、ヴィジョンアーキテクトというのは、それとちょっと似たことをやっているのかなと、はばかりながら自分では思います。ヴィジョンアーキテクトというのはつまりクライアントのパートナーとして夢を創ってそれを共有して実現させる働きをするということです。

ですから私自身の中には、こういう建築を創ってみたいとかこんなことをしてみたいとか、こんな材料を使ってみたいとか、そういうことは一切ありません。そこが一般的な建築家と大きく違う点かもしれません。そういう個人的な願望とか先入観念などはむしろ実際の仕事をする時に邪魔になるので持たないようにしています。ニュートラルでないとクライアントの夢に添えないというか、想いが汲み取れないと思いますので、あえてそういうスタンスをとっています。

プロジェクトが始まると、先ほども申しましたように重要基本条件の把握や創造的解析《クリエイティヴアナリシス》というのをやります。その際には一般的な統計のようなものは用いません。流行のようなものにもこだわりません。クライアントのお話を聴いたり、いろいろ調べたりして確かさのようなものを探っていくわけですけれども、そういうことを考える際の私のためのマップのようなものがあります。

私は建築を含むプロジェクトというのは、それを成立させる敷地が四つあると思っています。それをここに表しています。実際の敷地や予算などの現実も大切ですけれども、それと同時にプロジェクト推進主体が何をしようとしているのか、会社であれば、それはどういう社会的ミッションを持つ会社なのかとか、さらに時代は、ここでいう時代というのは流行ということではなく、私たちの社会がどこに向かおうとしているのか、あるいは建築というのは寿命が長いですから、その中でどこに向かった方が好ましいのかとか、そのためにこの建築はどう寄与し得るのかとか、

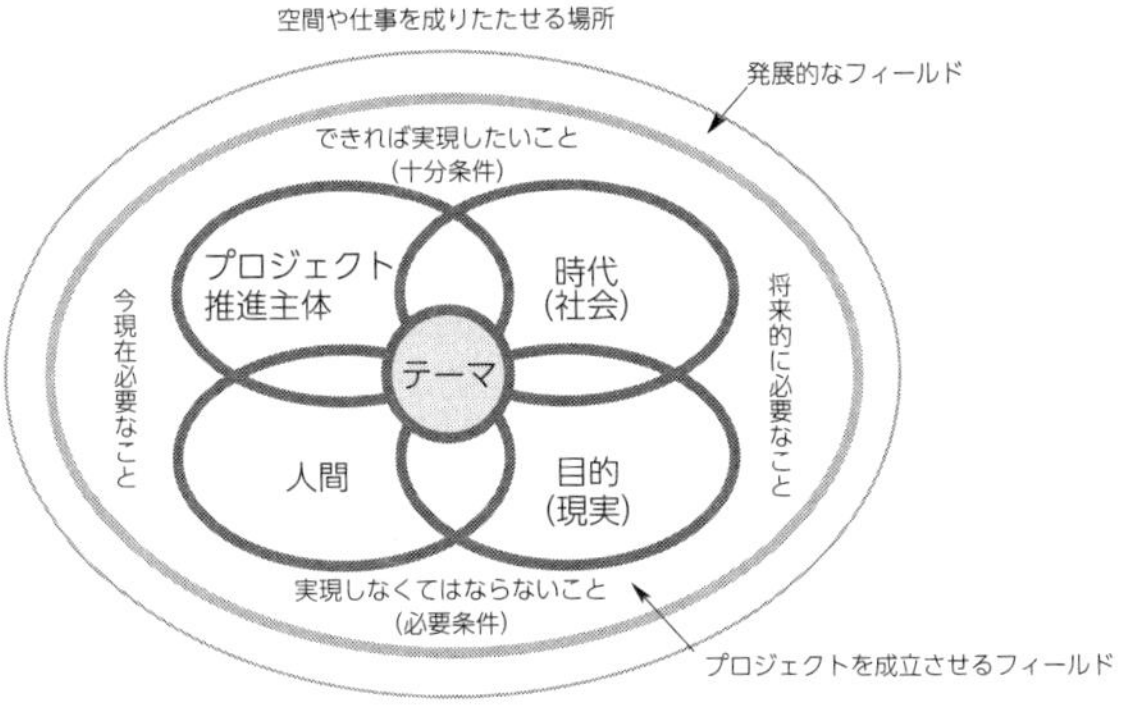

もしくは人々はこの社会のなかで、潜在的にどんなことを欲しているか、何に不自由を感じているかというようなことを考えます。というのもこのマップの真ん中のところ、四つの要素が重なりあったところでヴィジョンをつくらないと成功しないと私は思っているからです。

プロジェクトは基本的に、クライアントが、お金と時間と労力と夢をかけて、今から未来に向けて行なうわけですから、プロジェクトを頼まれたら失敗することは許されません。必ずや成功させなければならない。そう考えた時に、少なくとも失敗させないための最小限の必要事項を考えてつくったのがこのマップです。

そこからプロジェクトヴィジョンやコンセプトやプログラムの設計に進みます。経験的に思いますのは、クライアント、つまりプロジェクト推進主体は、自分が何をしたいかを把握しているはずなのですけれども、ところが不思議なことに、あまり総合的には考えていらっしゃらない方が意外に多いということです。

それにプロジェクトの担当者が特定の部署の人だったりしますから、どうしてもその人の会社内での日常や事情に惑わされてしまうことが多いということもあります。一般的にそういう方が具体的な設計与件をつくってこられるのですけれども、それをみると、長期的なことを考えなくてはいけない空間つくりは日々の業務とは違いますから、私から見てなんだか片手落ちだなと感じることが多いです。この設計条件をクリアーしたらそれでいいの？ という与件が多いです。

もちろんどこの会社でも、そこでの日常の業務というのは企業ミッションを遂行しているわけですから、日常業務と会社全体のことは本来は深い関係を持っています。たとえば資生堂は広い意味での美を商いとしている会社ですから、創業地に立てる建築には美が必要です。それは資生堂の歴史や社会的企業使命《ミッション》とも深く関係しているわけです。もちろん具体的なこととして、建築のなかには歴史のある資生堂パーラーとか資生堂ギャラリーが入ったりもしますし、企業戦略的な要素も入ります。資生堂の場合はそれに関しては綿密な下準備をしましたけれども、一般的な問題としてそのときに、誰が与件を何を踏まえてつくるかということを考えますと、現実的にはそれが縦割りの中の一担当部署だったりしますから、これはなかなか難しいものがあります。

一般にプロジェクト担当者というのは意外に企業のトップの意思を誤解していることもありますし、トップや会社の現実や未来や総合的で長期的な企業戦略よりも、その部署の上司の判断や部署の事情や目の前の顧客を無意識のうちに優先してしまったりすることがあります。

ですから私のようなヴィジョンアーキテクトの立場で、クライアントのパートナーとして外から関わるものにとっては、設計与件や目的や重要な要素が偏っていると感じられることが多々あります。逆にいえば偏りや日々の事情や関係から外れた視点を提示することによって、いろいろと気付かれたりすることも多いです。ですから私はまず最初の重要基本条件の把握（1）や創《クリ》造的解析《エイティヴアナリシス》（2）を大切にします。

企業がまとめた与件では、お金や工期や個別の機能に特化され過ぎていることがよくあります。担当の人は本業の現実は良くご存じですが、意外と建築や空間や社会のことを知らない、あるいはその時々の会社の事情を無意識のうちにより重視される方が多いということです。ですから私の考えではヴィジョンアーキテクトが、目的や与件そのものをトップや担当部署と一緒に創り出す必要があると思っています。

時代とか人間の本質というのは普段の仕事のなかではあまり関係ないと思われがちですけれども、しかし建築というのは三〇年、五〇年、一〇〇年、いったん建ったら街の中に建ち続けるわけですから、これは非常に重要なことだと思います。

東京銀座資生堂ビルのような場合は、銀座の中央通りに面した資生堂の創業の地ですし、当時の社長さんの福原さんが銀座の商工会の会長もやっておられました。しかもあの建築が、銀座地区の容積率を八〇〇%から一一〇〇%に緩和する規制緩和の適用第1号ビルでしたから、当然、銀座八丁の未来のことも考えなくてはなりませんでした。

これは詳しくお話しすると長くなってしまいますので、簡単に申し上げます。

当初、国と中央区が規制緩和に際してある条件を決めました。ところが、その条件を守ってつくりますと、実は大変なことになることに私たちは気付きました。私たちの調査では、規制緩和とはいうけれども、その新たな条件では、容積率は緩和されても、高度制限とか壁面後退とか、それまでの高度基準の三一メートル以上の部分はそこから壁面をさらにセットバックしなくちゃいけないとか、駐車場設置義務とか、いろいろな条件がついていて、銀座には小さな敷地のビルがたくさんありますから、いろいろ計算すると、ビルを建て替えるメリットがあるビル、つまり壁面後退で建築面積が減ったり駐車場の設置義務に一階と地下の面積が奪われることなどによって、規制緩和をしても実質的に有効平面面積が増えない場所が銀座八町全体で八割程度あることが分かりました。

しかもその高度制限に準じて十一階建てにすると極めて天井高が低くなります。地上階などを銀座らしく優雅につくろうとすれば上階にさらにしわ寄せがいきます。つまり階数が増えても平面的なメリットを受けるところが極めて少ないばかりか全体として空間のクオリティが必然的に落ちてしまうことが明らかでした。

もちろんこの条件設定の意図はハッキリしていて、銀座にある小さな土地をまとめて大きな規模の高層建築が建ち並ぶようにしようということです。でもそうすると新宿の高層ビル街のようになって銀座の良さが消えてしまいます。歴史のある店舗も多いですし、一家言ある旦那さんも多いですから、難しいことも多々でてきます。

そこで私としては、このような条例をつくってしまうと誰もビルを建て替えられなくて、三〇年後、あるいは五〇年後には老朽化して、銀座は廃墟になってしまいますよと言いました。

建築における法規的なルールづくりは、将来の空間創りそのものですから、とても重要です。ですからこれは大変だと思いまして、ほかにもいろいろな都市計画的なことの世界的な流れも加味して資料をつくって資生堂サイドにも説明しました。

それと同時に、これから銀座がより豊かになっていくためにはということで、将来を見据えて私たちがあるべきレギュレーションをつくりました。このような条件でないと誰も建て替えたがらないし、ただでさえ現在ほとんど使われていなくて地代の取れない上階部分が、ますます貧しい空間になりますよと、銀座通りも綺麗にならないですよと基本設計をみせて説得しました。つまり提示された条件を無視して理想的なモデルを創ってしまいました。

もちろんその瞬間から闘いが起きてしまいます。資生堂の役員のみなさんのなかにも、お上に逆らっても無理だから、いくら言っても変わらないから条件をのもうよという方もいらっしゃいました。けれども、私はいちいち理由を挙げて、駄目です、ここで引き下がったら将来に悔いを残すことになりますと説得しました。何しろタイミングとして東京銀座資生堂ビルが新たな基準の最初の適用建築だったからです。大変に心強かったのは当時の福原社長が、「そんな変な条件をつけて無理難題を言うのであれば、うちはもうビルは建てずに、あの場所をお花畑にする」とかおっしゃって、その理由もことあるごとに世間に言うと、実に強力な援護射撃をして下さったことです。

結局もめて一年くらい着工が遅れました。よく資生堂がそんなに我慢をして待ってくれたと思いますけれども、そうこうするうちに、最終的には中央区が言い分を認めてくれました。国や中央区も、こちらの言っている意味が分からないわけではなくて、確かにそうだねとなった瞬間に担当の部長さんが私たちの図面を持っていろんな部署の説得に回ってくれました。

そんなわけで私たちが創った建築をモデルにして条件が制定されました。現在銀座通りには新しいビルがたくさんありますけれども、みんなその基準で建てられています。役所もちゃんといえば分かってくれることもあるんだなと、ちょっと見直しました。日本の建築基準や条例というのは極めて複雑で分かりにくく矛盾することが多々あったりするのですが、東京銀座資生堂ビルは、銀座の建築空間はどうすれば豊かなものになりうるか、それをリードする基準はどういうものかという観点でつくりましたので、銀座地区の基準はおそらく日本で最もシンプルで分かりやすく創造性を発揮しやすいものになっていると思います。

つい細かくお話ししてしまいました。マップの中の四つの要素に戻りますと、人間や時代というのは、ちょっと抽象的に見えるかもしれませんけれども、これから建てる建築やそれが位置する街、二〇年後三〇年五〇年後の、そこでの将来的な営みや街並みということを考えると、先ほどの銀座のことは非常に大事なことと私には思えたわけです。毎年三五〇〇万人もの人が訪れるような場所になった『ラゾーナ　カワサキ　プラザ』でも同じようなことがありました。

マップの中の「人間」とあるのも同じようなことで、建築は人間の営みと共にあるものですから、私たちを疎外しているものとか私たちの心や体が潜在的に求めていることは何だろうかといったことを考えると、それが建築やそのためのヴィジョンやコンセプト創りにとってのヒントになるということです。逆にそれを考えないことはプロジェクトにとってデメリットになると考えています。要するにこれらの四つの敷地が重なり合ったところでヴィジョンを考えないと、人々に愛されて時代を超えていくような生命力のある空間にはならないと思います。

ちなみに、東京銀座資生堂ビルの事業主体である資生堂の福原さんという方は、今から考えると不思議なくらい大概のことは任せてくれましたけれども、プロジェクトが始まった最初の頃、八丁目の交差点の信号を一緒に歩いて渡った時に一言さらっと、「谷口さんね、こんどのビルのことですけどね、これから五〇年経った時に、あの時代にあの場所に資生堂があのような建築をつくったのは銀座にとって本当に良かったと人さまから言われるような、そんな建築をつくって下さいね」とおっしゃいました。

これはもうプロジェクト推進主体から出された設計与件としては、これ以上はないというほど明解で、かつとんでもないレベルの与件というか依頼です。ですから、その仕事をしている間、私には片時も忘れることが出来ない与件となりました。

この福原さんの言葉は、時代を超えて価値のある建築をつくる、人々に愛されるものを創る、資生堂と同時に銀座とその未来を考える、自己満足でやるなと、そうしてはじめてあの場所に建築を立てる意味があるんだとおっしゃっているわけですから、何気ない言葉ですけれども、このマップとも端的に重なりあったヴィジョンそのもののような強い言葉です。

規制緩和に伴って行政が決めた基準に逆らい、着工を一年近くも遅らせ、自分たちがこれならば将来の銀座の街並みにとっても良いと思えるモデルまでつくって交渉を続けたのは、プロジェクトの目的を果たす、つまり私を指名してくれた福原さんとの約束を果たすためには、何としてもこの言葉に応えなければならないと思ったからです。

本当に、あの建築のことを話すときりがありませんので先に行きます。とにかくそのようにして、このマップを念頭に置いた創造的解析《クリエイティヴアナリシス》のあとで、次にクライアントのパートナーとしてプロジェクトを最終的にどのようなものとして捉えるか、ということをもう一度確認します。

これを私はプロジェクトの設計（3）と呼んでいます。どうしてそのようなことをやるかということですが、このプロセスを踏んでいろいろと詰めて行きますと、たとえば建築設計を頼まれたんだけれども、いろいろ聞いてみると、クライアントがやりたいと思っているのはどうもそういうことではなくて別のプロジェクトにした方が良いのではないか、たとえば新しい部署をつくった方がいいのではないかということもたまには起きます。私としては、そうなったらそうなったで、そちらをディレクションすることになったらそれでいいんです。

建築の場合は、何をしたいのか、それによって企業に何をもたらそうとしているのか、どのような営みを膨らませたいのかとか、いろんなことを確認します。もちろん規模とか予算とか体制の確認もします。そうしないと後でこんなはずじゃなかったということが起きかねないからです。昔の棟梁のような人がいればそういうことは起きないのでしょうけれども、最近は分業化していて、現実的には日本の建築のプロセスの中にそういう棟梁的な、建築のことも施主のことも社会のこともわかっているような立場の人が入り難くなっています。

一般にはクライアントの予算や必要面積や用途や機能を満たすこととか、そういう具体的なことが与件として決められて、それを満足させるということに重点が置かれがちですけれども、それは言わば必要条件を満たすだけであって十分条件を満たすことにはならないと思います。十分条件を満たすには、それを超えるにはどうすればいいのかということが、建築空間創造で最も大切なことなのではないかと思います。

そのやり方をスムースに進めるためには、どうしてもそれに合った仕組みが必要になります。

通常の建築建設プロジェクトにおける組織形態図

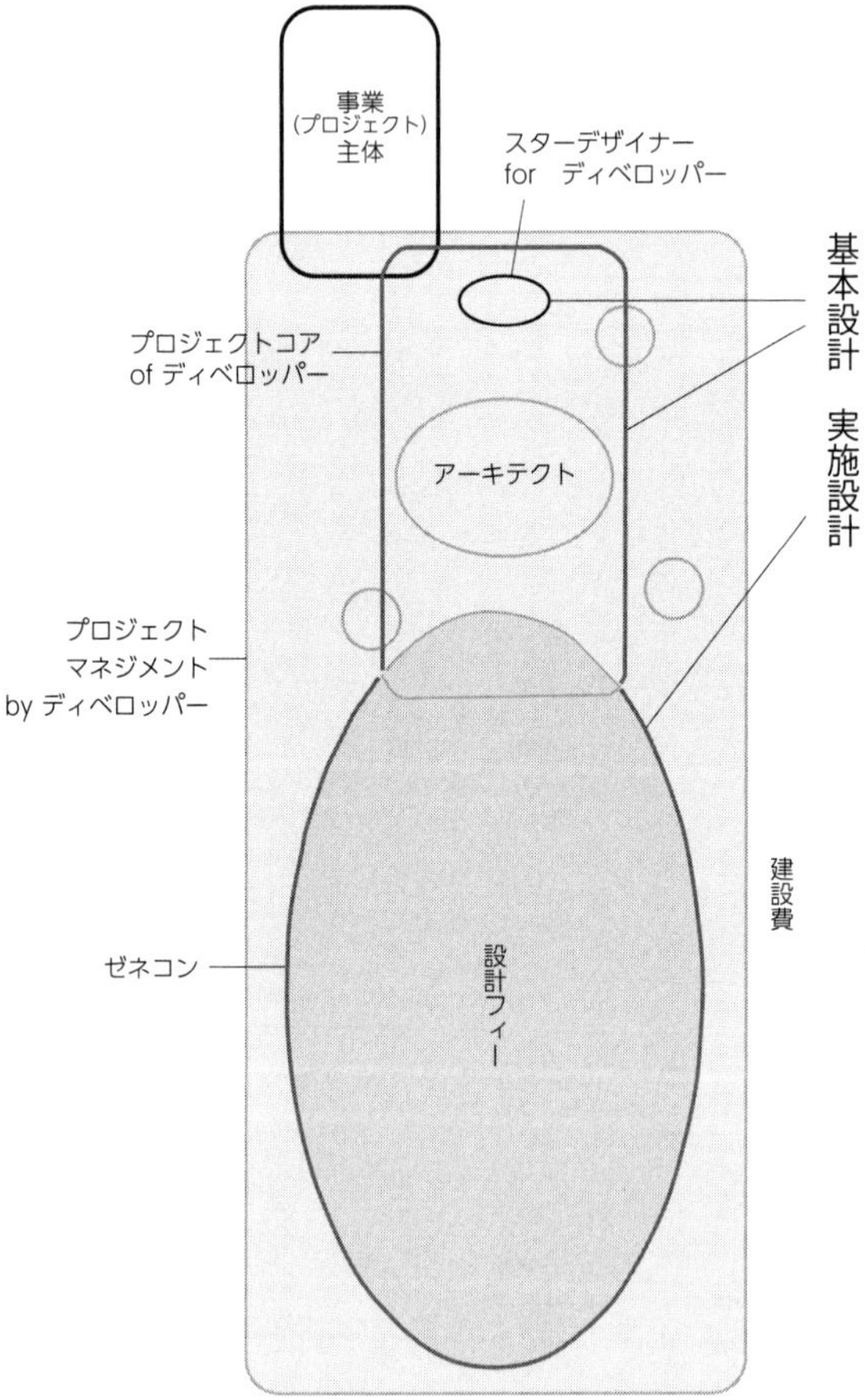

私が統括する場合の組織形態図

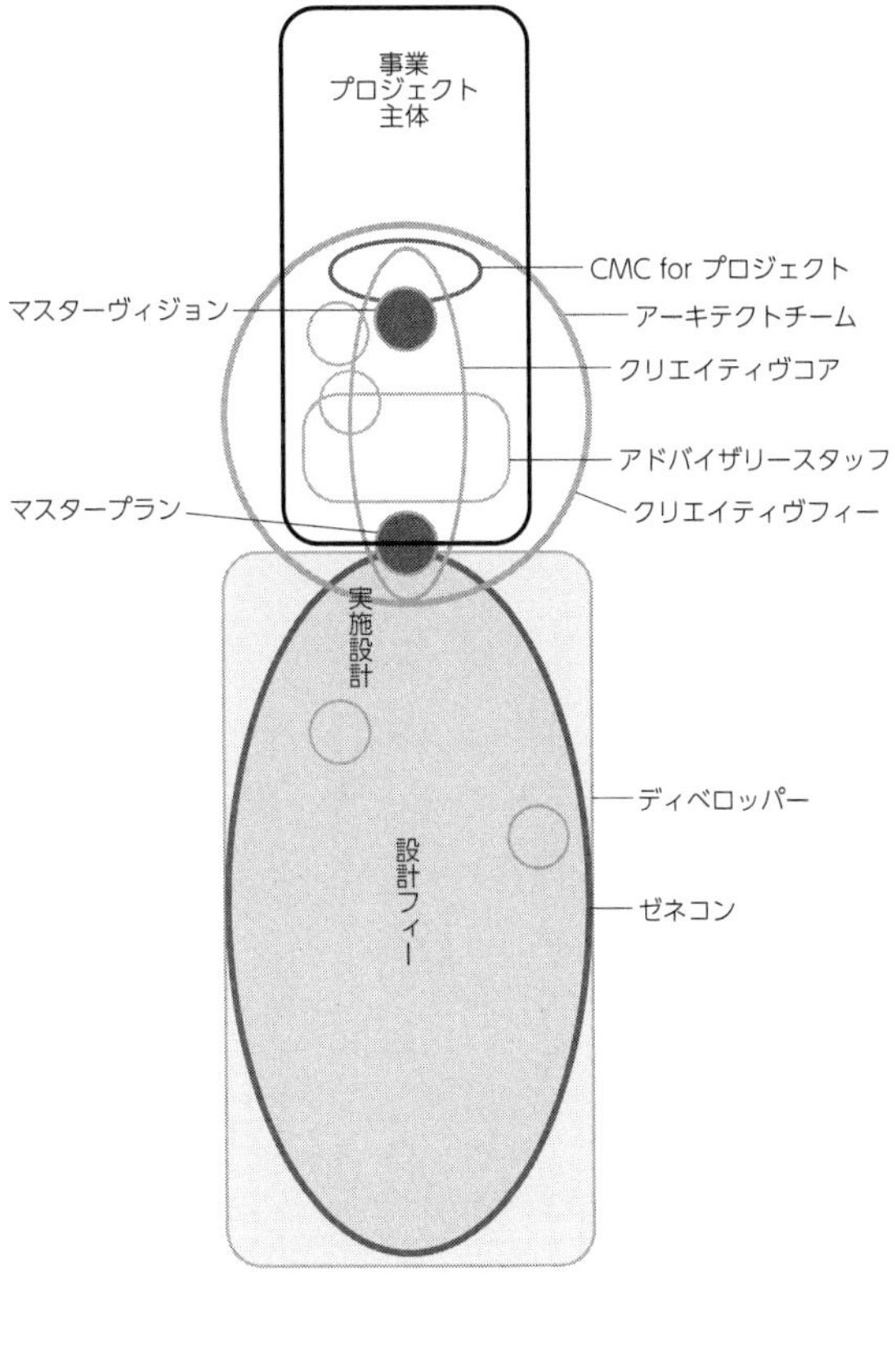

かなり大雑把な図ですけれども、前者が通常の建築建設プロジェクトにおける組織形態図、後者が私が統括する場合の組織形態図です。規模がある程度大きかったりしてディベロッパーが統括しているような場合は、実際には作業やコミュニケーションがバラバラになっている場合が多いです。これはいろんな意味で極めて大きなマイナスにつながります。

東芝の大きな工場があった場所を敷地に持つ『ラゾーナ カワサキ プラザ』創造プロジェクトの場合も、最初はわりと前者のような感じで始まりましたけれども、途中でどうもこれではトラブルが多くなるなと感じましたので、かなり強引に地主である東芝サイドの気持を汲むようにして、折衷案のような形にまでなんとか持っていきました。具体的にはボフィルさんの事務所と私によるコアチームが東芝のパートナーとして全体の実質的な核に自然になっていくようにしました。結構大変で、こうするまでにやはり一年かかりましたけれどもなんとかそうしました。

資生堂のプロジェクトの場合は、この体制を最初からつくりました。この体制でプロセスを含めた全体をクライアントと共有して、それを現場に生かしていくという、そういうプロジェクト設計がクライアントと了解されていないと何かと上手くいかないというか、逆にそうしていけばプロジェクトがスムーズに効率良く進むと考えています。

オリンピックの国立競技場のことがいろいろ問題になりましたけれども、先日ある人から、

「あそこで出てきている問題のことは、君の『空間構想事始』の『プロジェクト設計』のところに、どこに問題があったかがみんな書かれていたね」と言われましたので、そのところを挙げておきます。

この本は、銀座の資生堂ビル建設プロジェクトを指揮したあとで、あのプロジェクトはどういうことを考えながらやったのかを書いておくべきだといわれて書いた本で、抽象的に見えますけれども、プロジェクトの進め方とか役割とかは資生堂プロジェクトで行なったことがそのまま書いてあります。

空間創造プロジェクトにおいては
途中でやり直したり頓挫したりすることは
さまざまな問題を発生させるばかりか大きな損失を伴うので
創造的解析のあと、空間創造のための本格的な作業を開始する前に
もういちどプロジェクトの概要や基本的な骨組みを
目的と照らし合わせるかたちでフィードバックし
その上で実行段階としての
プロジェクトの枠組みや基本条件や
プロジェクトの与件をフィックスする

プロジェクト設計という作業段階を設けることが望ましいと思われます
なぜなら解析の結果、本来の目的の達成のためには
空間創造プロジェクトよりもむしろ
別のかたちのプロジェクトの方が良いと判断せざるを得ない場合や
同じ空間創造であっても対象建築の規模や用途や時期などを
変更した方がよいと思われる場合もあり得るからです
そうした検証を行ったうえで、あらためて
プロジェクトの全体像を具体的に構成することになりますが
そのときに必要なのは主に
どれくらいの予算を投じ、どこに何をいつまでに実現するか
そしてそのための体制をどうやって維持するか
そしてその実現は誰にどのような利益をもたらし得るのかといった
プロジェクトそのものの意味と位置づけ、そして
それを実現し稼働させるための仕組の現実性やその確保であって
目指す空間の実際の形などではありません
つまり空間プロジェクトにおける推進主体の基本的な役割は
プロジェクトそのものを牽引し、支え

出来上がった空間を社会的な場所として機能させることにあり
それに対する信頼性を欠く自覚的な意志を持たないプロジェクト
すなわちプロジェクト設計がなされていないプロジェクトは
不用意のまま航海に出る船のようなものであり
出発時点ですでに大きな危険を孕むものといえるでしょう
（『空間構想事始』より一二八項）

これは考えようによってはあたりまえのことですね。建設のプロセスを無駄なく進めようとすれば、これはあたりまえと誰でも思うでしょう。けれども実際に日本の建築設計や建設のプロジェクト、特に行政のプロジェクトにおいて、こういうことがちゃんと為されているかというと必ずしもそうではありません。

このステージの後で、その建築空間なりプロジェクトが向かうべきヴィジョン、要するに旗印みたいなものやヴィジョンを最も効率よく実現する方法、つまりコンセプトやチーム編成などを先ほどのマップの四つの敷地が重なり合ったところで考えて、進めることになります。この作業の必要性は大きなプロジェクトでも小さなプロジェクトでも基本的には同じです。

それを踏まえて、ようやく空間の構想（スペースコンポーズ）や空間構成、それからマスタープランを創ります。面倒なようですけれども、その段階に行く前にこういうステップを踏んでいくうちに目的がクリアーに見えてきます。クライアントとの信頼関係もできてきます。自分たちの課題をわかっているなと思われることはとても大事だと思います。

実際、資生堂プロジェクトの場合では私は主にトップの四人の方とお話しをしながら進めましたけれども、途中からは任せておいていいかなという雰囲気になったのを感じました。私に裁量を任されていることがものすごく多くて、ほとんどのことを私の判断で決定することが出来ました。ですから逆に、間違ったらえらいことになります。

基本的にはマスタープラン、いわゆる基本設計に入る前に、スペースコンポーズと私が呼ぶ、コンセプトを必要な空間とその構成に翻訳する作業をします。それをクライアントと確認をしておくと、建築空間設計という作業が極めて明解になります。

そうしてマスタープランをつくります。スペースコンポーズまでは、私の場合はプロジェクト主体はもちろん、友人やチームの意見なども聞きながら、まとめるのは基本的に私が一人で行ないます。そのあとマスタープランをつくる時に具体的なチーム編成をします。基本的に、プロジェクトの目的に合った人たちを集めてプロジェクトが終わったら解散するというスタイルを私の場合はとります。

私の会社は、エリアス クリエイティヴ スターシップといいます。つまり、クライアントのパートナーとして、クリエイティヴなスターをそのつど集めて最良のチームを組んでプロジェクトを行ない、終わったら解散しますという意味です。

これは効率が良いような悪いようなやりかたですけれども、私のパーソナリティとして社員を抱えて会社を維持して行くというような難しいことは考えられないのでそうしています。実はリカルド・ボフィルも、もともとは、そういうチーム体制をとりたかったようで、今はもう大きな組織ですけれども、それでもいろんな才能を集めたチームで仕事をしています。

ただ大きくなり過ぎたので、資生堂をやった後、初心に戻るということで、スペインのテレビで「私は本当にやりたいことを私と一緒にやりたい人とだけやることにした」と宣言して、実際三〇〇人ほどいた所員と、これからも自分と一緒にやっていくか、それとも退職金をもらってここで辞めるかということを一人ひとりと話してスタッフを半分にして、その後さらにその半分にしてしまいました。

基本作業の話に戻りますと、マスタープランに基づいて実施設計をして、ゼネコンとかと契約をして施工に入っていきます。そのプロセスを資生堂の場合の具体的なプロセスを簡単に表したもので説明いたします。分かりやすくするために若干プロセスを省いてありますが、これをごらんになってお分かりのようにステージ4までは絵も図面も描いていません。

ここまではみんな、言葉とかコンセプチュアルなイメージです。ただここまでくると、どんなものを創るのかがハッキリしてきます。スペースコンポーズのイメージのところに、HUMANとかANGELとか書いてありますけれども、これは資生堂ビルの空間ヴィジョンです。

STAGE-5 ARCHITECTURE DESIGN
第５ステージ：建築設計

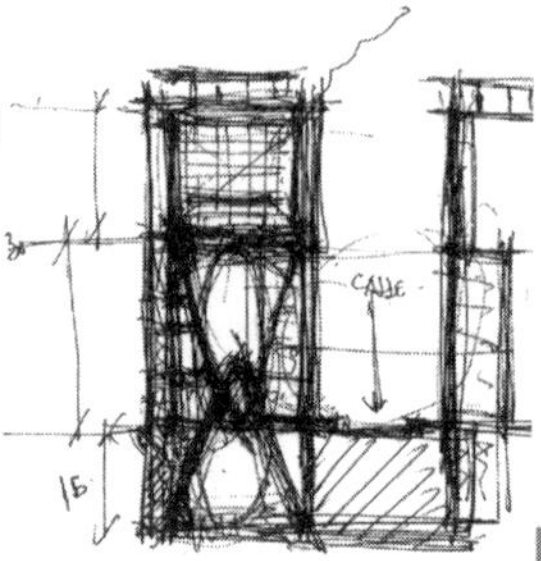

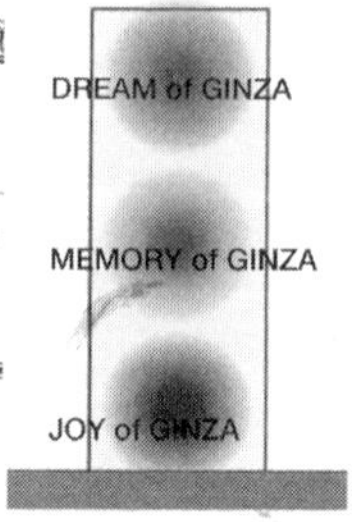

特別設計チームによる具体的な建築設計が行われました。
そこでは個別の設計に先立ち、
この建築を一つの有機的な芸術作品とするために、
獲得すべき次元とそれを成立させる、
基本的な思想、方法、様式、建築言語等を構築し、それに基づき、
空間、構造、設備、材料、照明、環境などを含め、様々な観点から
あらためて詳細に検討、設計しました。
また、このプロセスの途中で、銀座地区に、
「機能更新型高度利用地区制度」による規制緩和が行われ、
東京銀座資生堂ビルがその適用第一号物件となることが確定したため、
この建築を銀座地区の発展を射程に入れたモデル建築とすべく、
銀座地区の都市計画ヴィジョンをあらためて策定、導入しました。

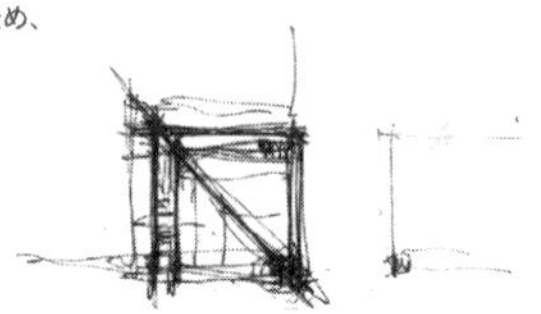

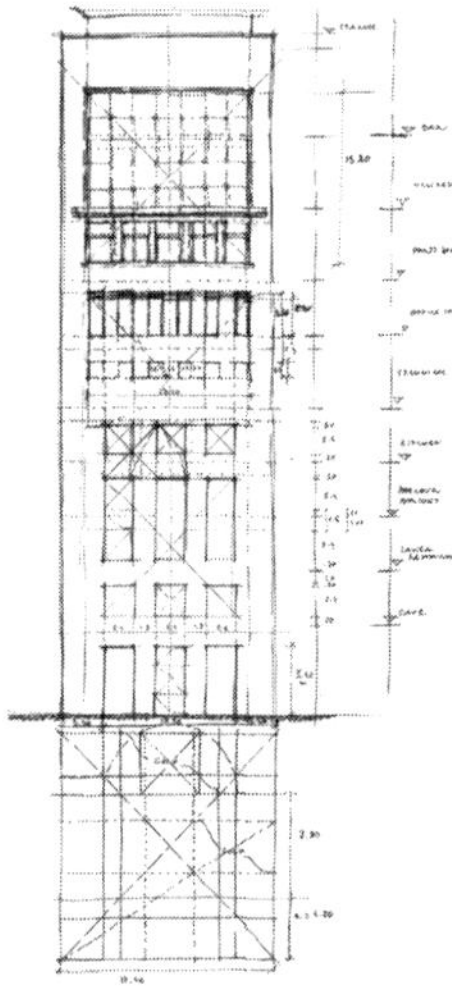

STAGE-6 CONSTRUCTION
第６ステージ：設計施工

この建築が、際立った個性と独自の風格を持つと同時に、
銀座の街にエレガントな佇まいを以て調和することを実現するという
命題のもとに設計された、オリジナリティの高い建築であるため、
その施工に関しては、
工法や材料からその開発、ならびに細部の収まりに至るまでを、
この建築のために新たに、かつ有機的に構築する必要がありました。
このため、設計部隊と施工部隊とは、
ディレクション会議、定例会議、技術会議、分科会などの場をとおして
緊密に討議を重ねながら作業を遂行しました。

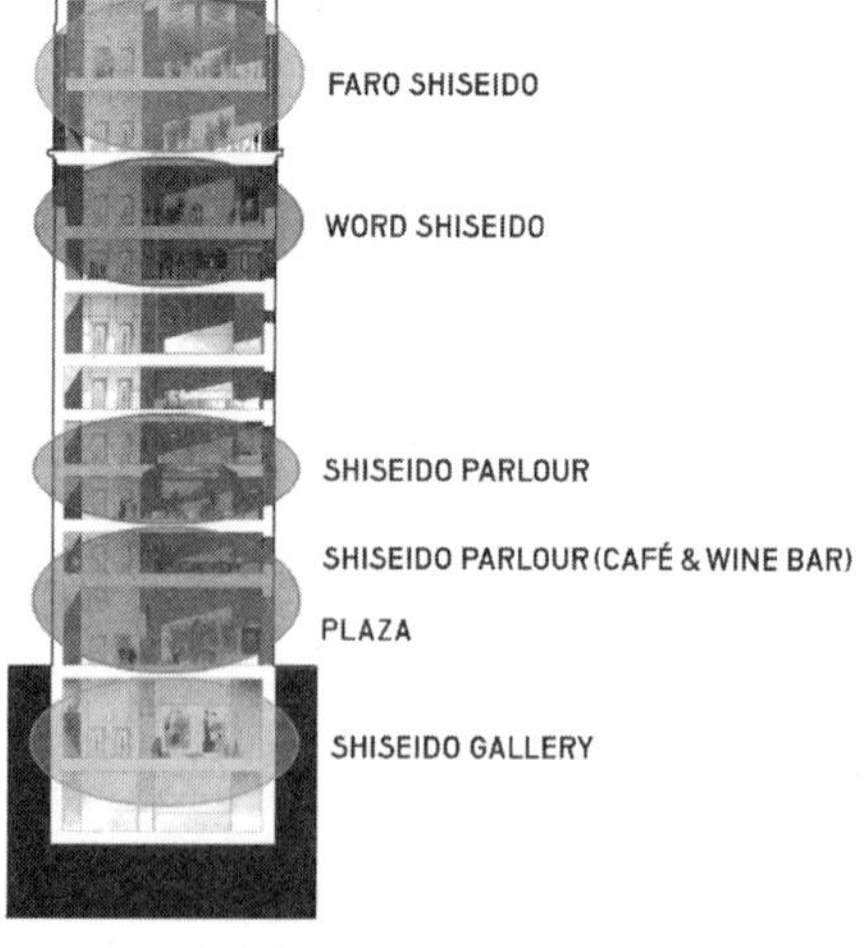

STAGE-7 OPERATION DESIGN
第７ステージ：運営ヴィジョン

このプロジェクトでは、
スタート時における戦略解析やヴィジョン、
ならびに構築された空間をふまえて、
運営のためのヴィジョンが描かれました。
またそのプロセスの中で、
資生堂がこの建築に託す想いと、構築された"場"の可能性を、
実現、有効活用するため、
すなわち、ヴィジョンをスパイラル状に、
さらなる高みを見据えて実現していくと同時に、
これからの資生堂の文化発信を総合的に担う部署として、
「文化デザイン部」が設置されました。

東京銀座資生堂ビル 建設プロジェクト

21世紀のはじまりの時に、資生堂にとって歴史的に重要な場所に竣工するこの建築は、
単に資生堂のこれからの営みばかりでなく、銀座という日本を代表する商業地区の
これからにとっても重要な役割を担っています。
そのため、このプロジェクトは以下のような、建設事業の一つのモデルとなるような
7段階プロセスを踏んで計画、実行されました。

STAGE-1 ANALYSIS

第1ステージ:解析

全ての構想、計画に先立って、まず、
銀座8丁目というロケーションに建つこの建築を、
真に豊かな営みを育む空間とするために、
この建築を成立させる四つの「場」の力、すなわち
「資生堂」「銀座」「人間」「時代」
の歴史的背景と現実、ならびにこれからの可能性について、
総合的な解析を行いました。

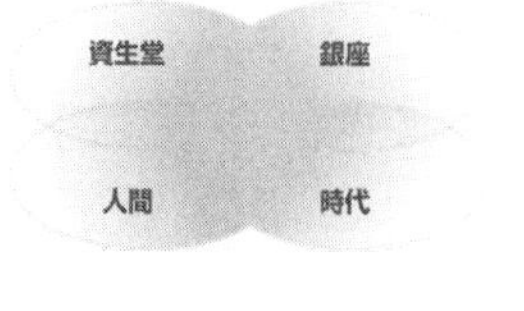

STAGE-2 PROJECT DESIGN

第2ステージ:プロジェクト・デザイン

第1ステージの解析に基づき、
プロジェクトを資生堂の創造的企業活動と連動させるための、
戦略的位置づけを行うと同時に、
プロジェクトを成功させるために
最も相応しい方法と体制をデザインしました。
なおこのなかで、資生堂の経営戦略をプロジェクトに反映するため、
資生堂のトップとプロジェクトチームのディレクターによる
特別委員会CMC(コンストラクション・マネージメント・キャビネット)
が構成されました。

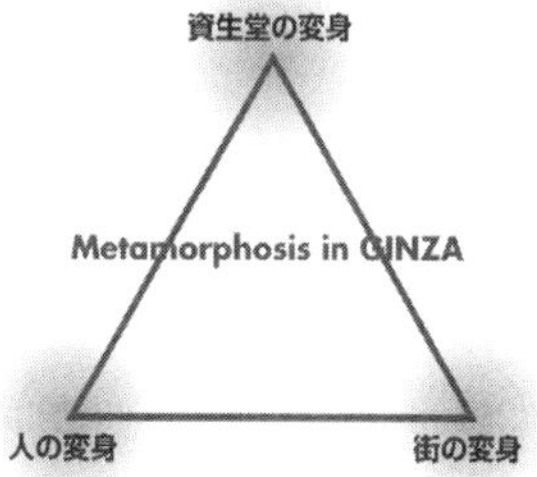

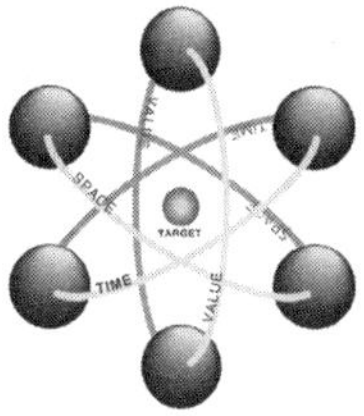

STAGE-3 VISION&CONCEPT DESIGN

第3ステージ:ヴィジョン&コンセプト・デザイン

第1、第2ステージをふまえ、
「建築とは、人と人の世界を豊かにするために、
息づいて良いはずの夢、普遍化されてよいはずの価値に、
命と姿を与える最良の方法である。」
という確信に基づき、
このプロジェクトがめざすべきヴィジョンと、
それを支えるコンセプトを設計し、実行するために必要な
このプロジェクトのための特別設計チームを編成しました。
なおこのなかのマスター・アーキテクトとして
リカルド・ボフィル氏を招聘しました。

STAGE-4 SPACE COMPOSE

第4ステージ:空間構成

以上のステージをふまえて、
そこから浮かび上がるテーマを包含したミッションと、
あるべき営みを一つの建築として実現するための、
空間のあり方とその役割を構成しました。

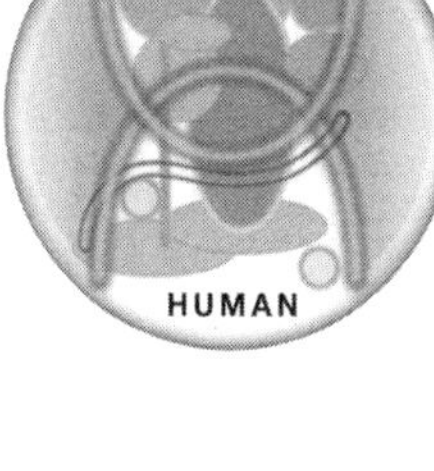

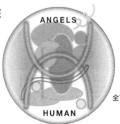

その次のヴィジョンから建築にステップアップするステージ5でのスケッチは、リカルド・ボフィルが創った最初のスケッチです。

彼にチームに入ってもらったのは、世界的に見ても彼はいわゆるインターナショナルスタイルをとらずに、土地の文化やクライアントの思想に合わせるキャパシティを持っている稀有な存在で素晴らしいチームも抱えていますから、このプロジェクトには彼が最適だと思ったからです。で、このプロジェクトの最初の具体的なマスタープラン設計のミーティングの時、リカルド・ボフィルと昼食をとった際に、彼がコーヒーを飲みながら小さな紙を出して描いたのがこのスケッチです。

彼が言うには、もうこの空間は出来ているよ、ということでした。ヴィジョンとコンセプトの図を見ながらそう言っていました。つまりこのヴィジョンとコンセプトを建築化するとこうなるよねということでした。実に早かったです。資生堂の時はリカルド・ボフィルと組みましたけれども、私自身が設計をやる場合は、ステージ毎に頭をチェンジして違う自分になります。

全体的な流れのなかで、七つのステージで全部違う自分になって違う頭を使うわけですけれども、どうしてステージをこんなふうに分けているかと言いますと、そこで行う仕事内容が本質的に違うと思うからです。ステージ毎に使う言語が違います。ですから一つのステージから次のステージに移る時には、翻訳作業が必要になります。必要な言語は、言葉だったり図面だったり材料だったりお金だったり技術だったりというように、ステージごとに使う言語とか価値基準が違うからです。

この翻訳作業が大切です。それぞれのステージの仕事の内容が異なるということは、一つのステージともう一つのステージとの間に落差、あるいは必要な表現方法の違いがあるということです。異る作業を連続させながら空間づくりをしていくわけですから、ステージ毎に翻訳作業が必要になります。目的やヴィジョンやコンセプトをステージに合った言語で表現するわけです。

つまりステージごとで携わる人も変わることがほとんどですから、そこにある断絶あるいは落差のようなものを、ヴィジョンを踏まえて、そこからずれないように一つ一つステージを超えていくということがヴィジョンアーキテクトの仕事ということになります。どうもこういう翻訳作業の大切さが日本では認識されていないように感じます。ステージがバラバラに分業されていて、コミュニケーションが継承されず。ものすごく効率の悪いことをしているように思います。

少し小さくてよく見えないかもしれませんが、資生堂プロジェクトの時に、最も大切なことから具体的な空間の個別のテーマやテイストに至るまでブレイクダウンして行った要素の、全体の関係を簡単に大きなパネルにまとめたものを紹介します。実際はもっと複雑ですけれども簡単に全体像をまとめました。同じことをいろんな表現、つまりチームに対して、資生堂に対して、ゼネコンに対して、ヴィジョンという旗印は同じですけれども、それを表現する方法や手段や言葉

TOKYO GINZA SHISEIDO BLD.

施主からの要望
伝統（記憶）と革新（未来）を両立させ、本格的独有の様式を創造すること。
企業のシンボルビルとしての個性の発揮と、銀座の美しい街並みへの寄与を両立させること。
機能更新促進型規制緩和の適用第１号でもあり、銀座の新しい発展へのモデル建築を創造すること。

ロケーションの特色
明治以降、常に伝統と最先端文化の両方を担ってきた銀座という日本を代表する商業地区にあること。
銀座中央通りと花椿通りが交差する角地という、銀座の街の景観を構成する重要なポイントにあること。
銀座を拠点とする施主が銀座地区の文化性の創造と発展に深く関与してきたという歴史を持つこと。

チームが掲げたデザイン上のテーマ
施主からデザインサイドに提示された要望、ロケーションの特色を継続すること。
意匠、構造、照明、家具、設備、音響、材料、細部等を独有のコンセプトに基づき総合し、独有の様式をもつ Una Obra de Arte（一個の芸術作品）を実現すること。
精緻でダイナミックな現代建築にエレガントで人間味のある風合いを導入すること。

デザイン上のテーマを実現するための創意、工夫
一つのクリエイションモデルとして、７つのプロセス総体と、それを実行するチームそのものをデザイン対象とすると同時に、それぞれのステージで、それらがクリエイティヴに進行するよう、意思共有や意思決定の仕組みやツールをデザインすることなどを含め、様々な創意工夫を行った。とりわけ、以下のようなことに留意した。
グローバルで総合的な特別チームが、目的、テーマを共有しつつデザインを総合的に行うこと。
機能更新促進型規制緩和の銀座地区における適用第１号物件であることを重視し、都市計画的な見地から、この地区のための「都市計画ヴィジョン」デザインし、自らそれを実践すること。
38条認定をはじめ多くの法規的解決を実現し、また独有の様式を創造するため、既成概念や既製の方法に捉われることなく、外装、目地部材、照明器具、家具等、様々なオリジナル表現や施工方法、ならびにそのための研究等を行うこと。

設計：東京銀座資生堂ビル建設特別設計チーム

総合ディレクション	谷口江里也
協働ディレクション	桜井淑敏　海藤春樹
マスター・アーキテクト	リカルド・ボフィル
協働アーキテクト	J・P・カリニョー
	谷口江里也　今川憲英　岩崎義一
	大山尚男　大今龍夫
実施設計	
総括	Ricardo Bofill Taller de Arquitectura
	エリアス・クリエイティヴ・スターシップ（ECS）
	清水建設設計本部
構造	TIS&PARTNERS
設備	テーテンス事務所
照明	海藤オフィス
防災	明野設備
家具	ECS＋乃村工藝社
音響	ヤマハサウンドラボ
意思共有ツール制作	ECS＋TIS&PARTNERS
設計監理	
コンストラクション・ディレクション・マネージメント	谷口江里也　今川憲英　大山尚男
監理デザイナー	岩崎義一
施工	清水建設
	乃村工藝社

建築概要

工事名称	東京銀座資生堂ビル新築工事
建設地	東京都中央区銀座８丁目８番３号
建築主	株式会社 資生堂シティ　株式会社 資生堂
構造	鉄骨造
	（複層化高耐性耐震パネル採用）
	（既存地下躯体利用・STKアンカー採用）
階数	地下２階　地上１１階
最高高さ	54.88m
敷地面積	380.88㎡
建築面積	322.05㎡
延床面積	3,918.41㎡

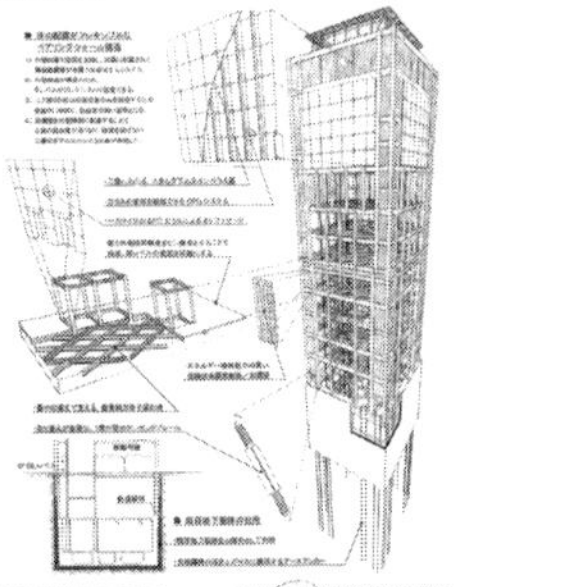

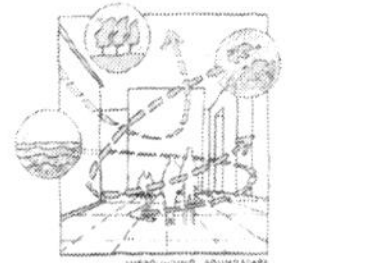

デザインプロセス

STAGE-1 CREATIVE ANALYSIS
第１ステージ：創造的解析

STAGE-2 PROJECT DESIGN
第２ステージ：プロジェクト・デザイン

STAGE-3 VISION&CONCEPT DESIGN
第３ステージ：ヴィジョン＆コンセプト・デザイン

STAGE-4 SPACE COMPOSE
第４ステージ：空間構成

STAGE-5 ARCHITECTURE DESIGN
第５ステージ：建築設計

STAGE-6 CONSTRUCTION
第６ステージ：設計施工

STAGE-7 OPERATION DESIGN
第７ステージ：運営ヴィジョン

空間デザイン上の具体的な創意

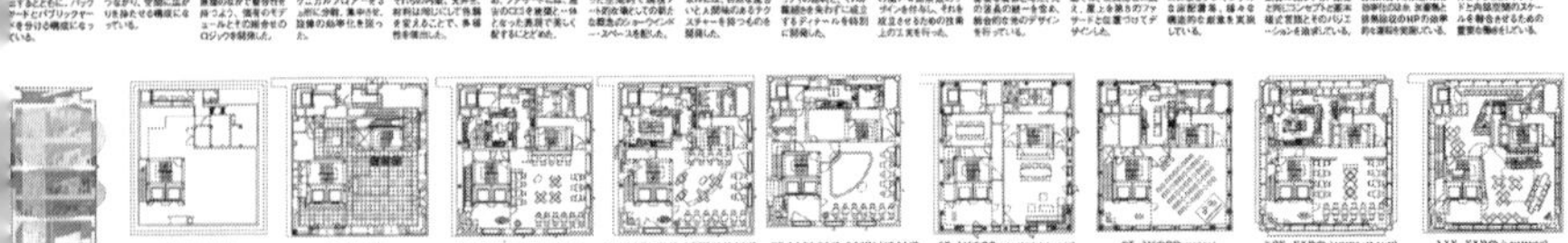

B1 GALLERY

1F PLAZA

3F CAFE&WINE BAR

4F PARLOUR RESTAURANT

5F PARLOUR RESTAURANT

8F WORD (GUEST SALON)

9F WORD (HALL)

10F FARO (RESTAURANT)

11F FARO (LOUNGE)

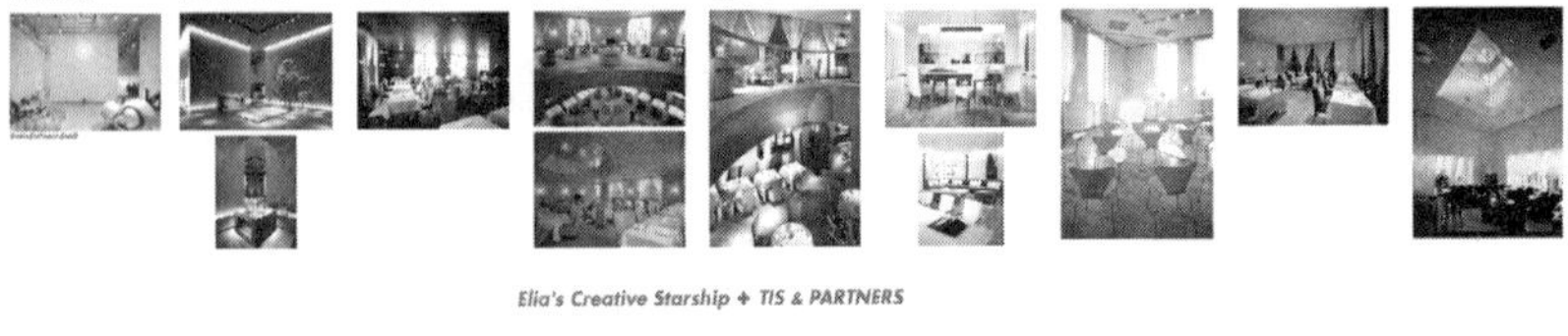

Elia's Creative Starship + TIS & PARTNERS

を変えてステージごとに、あるいは職人など仕事内容に合わせて翻訳して行なっています。そうしないと本意が伝わらないからです。

私は常々ステージや作業内容は変わっても目的は同じはずなのに、どうして調査はコンサルタントがとか、お金の計算は銀行がとか、近代特有の分業がどうして建築のプロセスのなかでも行われるのかが不思議でしようがないと思っています。

建築は、どんなに技術や機械化が進んだとしても結局は人間が手作りで人間のための場所をつくる作業です。ですから国立競技場のコンペの場合のように、デザインが良いとか悪いとかは別にして、あれだけの能力を持った建築家のザハ・ハディドのマスタープランをいわゆるポンチ絵扱いにして、後はゼネコンでなんとかやりますと無かったことにしてしまうというようなことが起きるということが私には不可解でなりません。

不連続なプロセスのなかではロスとか誤解とかがどうしても多くなります。ですから私の場合は最初から最後までをとおして、現場のこまかなディテールも含めて自分自身を七変化させながら見ることになります。

この資料の前の七つのステージプロセスに関する資料は、資生堂ビルのオープニングの時に、工だった社員の方やお客様にお配りしたものです。プロジェクトは基本的にトップの方々と進めましたので、ほとんどの社員がプロジェクトの内容を知らなかったため、この建築は、こういうことを考えて、こういうプロセスでやりましたということを、みなさんに共有していただく必要があったからです。そのあとで資生堂の価値観と建築のヴィジョンやコンセプトをリンクさせた一冊の本もつくりました。実はプランニングの過程でチーム内や外部と意志や目的や情報を共有するためのツールとかも大切です。しかもそれは相手によって本質は変えずに表現を変える必要があります。

資生堂プロジェクトの場合は、建築ができたあとしばらく経って、プロセスが面白いので、それをちゃんと私の考えていることなども入れて本に残す必要がありますよ、と友人の出版社の社長に言われて創ったのが、『空間構想事始』という本です。

ここにはもう少し詳しく、それぞれのステージで何をするかを書きました。資生堂の名前はどこにも出てきませんけれども、この建築創造における進め方や組織編成や作業内容や方法というのは資生堂の時にやったことそのままです。つまりそれが一番効率的で失敗が少ないと思えるからです。

この本は詩文のかたちで書いています。つまり私にとってはこれは論文ではなくて、空間を構想するというのはどういうことかを念頭に置いた一種の長篇詩、つまり言葉で出来た空間構想という仕事に関する旗印《ヴィジョン》ということになります。

この本に書かれていることは、先ほども言いましたけれども、ここにいらっしゃる方々であればあたりまえだと思われるようなことばかりかと思います。でも一般的なこととして、日本の建築創造の状況のなかで、そのあたりまえのことがあたりまえのこととして行われているかといえば、必ずしもそうではないように思います。

それといいますのも人間というのは観念的な動物でして、頭でいろんなことを考えます。リンゴが木から地面に落ちるのはあたりまえだし、そこには万有引力という普遍的な引力が働いていて、それを無視することは決して出来ないということは学校で教えられましたし誰でも知っていることです。でも頭でわかっていることでも、人間というのはそのようにはやらないことがよくあります。つまり建築創造のプロジェクトやプロセスのなかで、あたりまえのことと、やっていることや建設の現場がつながっていないことがよくあるということです。

実際問題として、落ちたリンゴが上に登っていって再び木になるということは自然のなかでは絶対にあり得ないことですけれども、人間社会や建築の現場やプロジェクトのプロセスの中で、しばしばそういう本末転倒が起きます。先ほどの国立競技場でもそういうことが起きたと思います。そこで何をしなくてはいけないかという優先順位の設定を見誤ったからです。そういうことを起こさないためにはどうすればいいかを考え工夫することが大切だと思います。

実は国立競技場のコンペの募集があった時に、リカルド・ボフィルから電話がかかってきて、日本からコンペに参加してほしいと言われたけれども、この件に関して調べてくれと言われました。それで募集要項を見たり友人に電話したりして情報を集めました。皆さんもご存知のように設計期間が異常に短かかったり、コンペに勝っても建築家には監修者的なポジションしかないとか、いろいろ考えた結果、私としては、このコンペが必要としているのは建築ではなく、どうも招致のプレゼンの際の派手な絵なのではないか、したがって私たちには向かないと思うと電話をしました。そうかということでリカルド・ボフィルは参加しませんでした。

日本ではなぜか具体的な設計以前の、その建築で何をするのかという、設計という仕事の指針になるべき根本のところがおざなりにされている気がします。もちろん良心的な建築家は、それをなんとかくみ取ろうとするわけですけれども、単に必要条件を満たすことだけを考えているように見える建築も多々あって、建築が可哀相だなと思うこともあります。ですから自分がやる時にはできるだけ後悔したくないなということで考えたのが、いまお話ししているような方法です。

建築プロジェクトというのは、そのプロジェクトをとおして、無限にある可能性の中からたった一個の結果しか残せないわけですから、まずは無駄なことが出来ない。なによりもまずどこに向かうかを慎重に決めなければなりませんし、途中でブレてもいけません。

またチームがブレないように、みんなのための分かりやすい旗印のようなものがどうしても必要になります。それは図面ではないのです。ですからヴィジョンアーキテクトの最も重要な仕事というのは、クライアントが無駄をしない、失敗しないために、昔のお侍さんの戦の時の、味方が陣地を見失ったりしないような、あるいは勇気が出るような旗を立てることかなと思っていま

旗印メモ
建築空間創造を行なう場合のリーディングビジョン
その１：東京銀座資生堂ビル

設計ヴィジョン
自分のための旗印

美しく咲く自由

人になりたい天使と
天使になりたい人とが
出会う場所を創る

今から 50 年経ってから
あの時あの場所に
資生堂があのような建築を
創ったのは
本当に良かったねと
人さまから言われるような
建築を創ってください。
（福原義春会長）

チームのための旗印

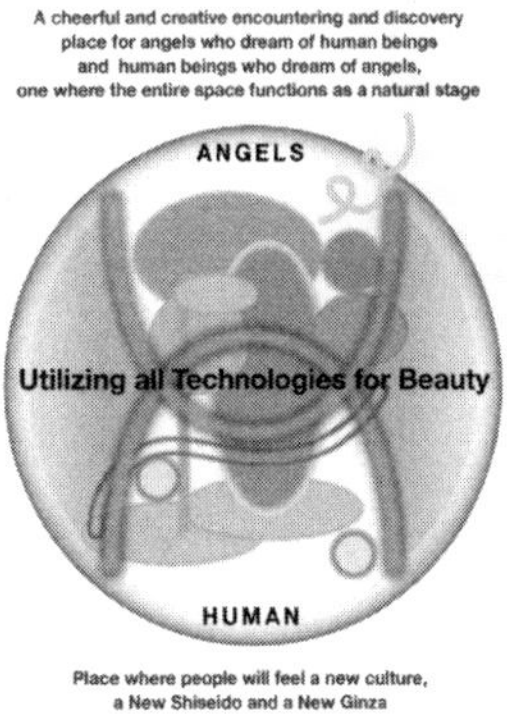

運営ヴィジョン
自分のための旗印

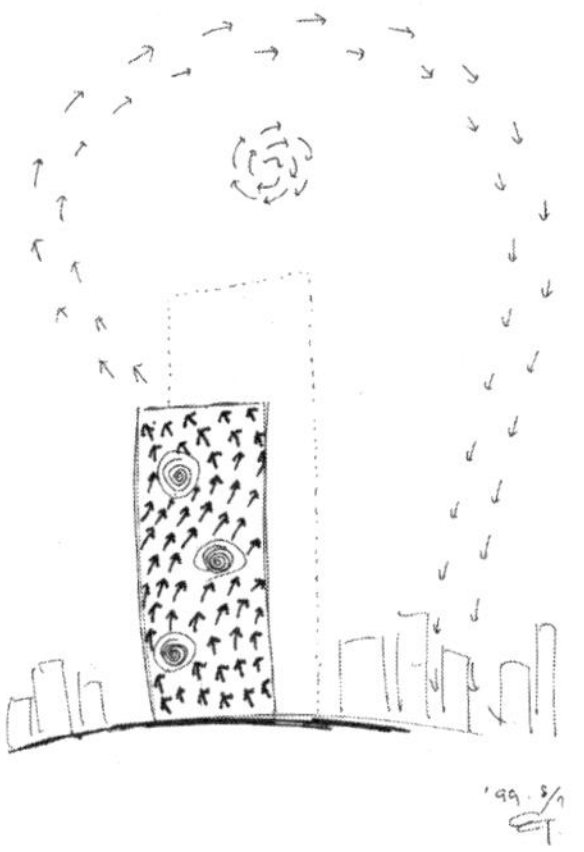

チームのための旗印

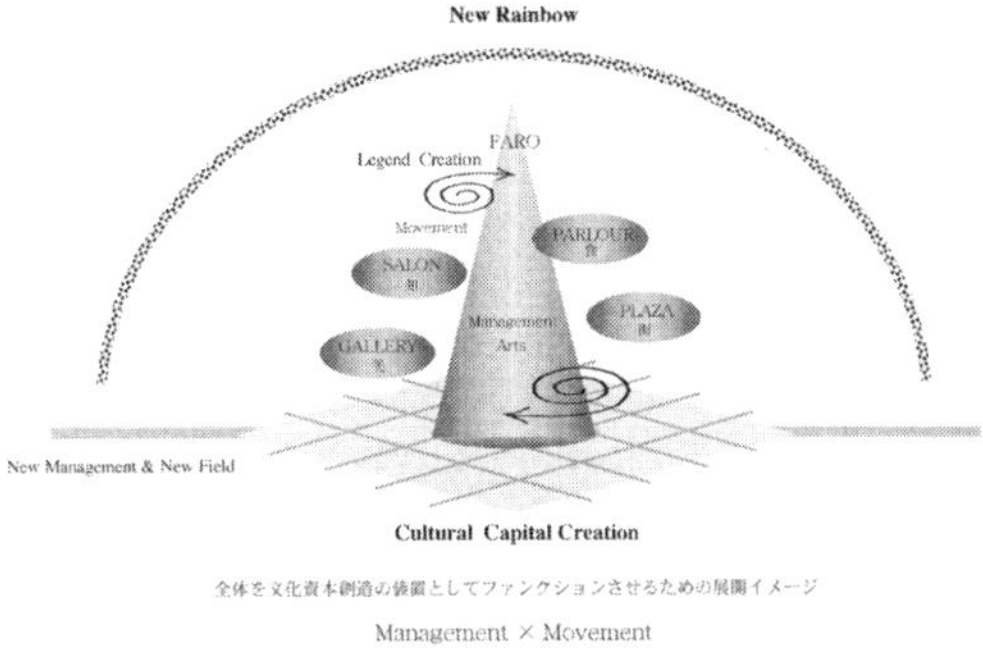

す。ここに私が具体的にどんな旗を立てたかというのを簡単にメモしました。

さっと資料をごらんになっていただきますと、そこに自分の為の旗印と、チームの為の旗印というのがあります。これは必ずしも同じとは限りません。ステージに合わせてあるいは相手に合わせて、本質的には同じでも異なる表現をとったりします。

私がさきほど翻訳と言いましたのはそのことです。資生堂の旗印のところにある漫画みたいなのは私のための旗です。みんなのための最も大きな旗というのは、クライアントが資生堂ですから、「美しく咲く自由」という旗がまずあります。そのあと建築空間創造のための旗として、「人になりたい天使と、天使になりたい人とが出合う場所を創る」というのがあります。

こんな言葉で何が分かるんだろうと思われるかもしれませんけれども、この言葉は意外に強くて、人それぞれいろんな受け取り方をすると思いますが、これを見ればだれでも普通よりちょっと高いところを目指しているんだな、ということくらいはわかるのではないかと思います。

リカルド・ボフィルや彼の右腕のパートナー建築家のジャン＝ピエール・カルニョーは、観念的なヴィジョンやコンセプトを創ることに馴れていますから、彼らはこの旗印を見た途端に、「良く分かった。一個の芸術作品としての建築を創ろう」と直ぐに言いました。

資生堂という会社が美をテーマにした会社だということ。美は、たとえば憧れと共にあるというようなことや、美は普段よりちょっと高いところにあるとか、ものすごく高いところから少し

旗印メモ
建築空間創造を行なう場合のリーディングビジョン
その１：LAZONA KAWASAKI PLAZA

設計ヴィジョン
自分のための旗印

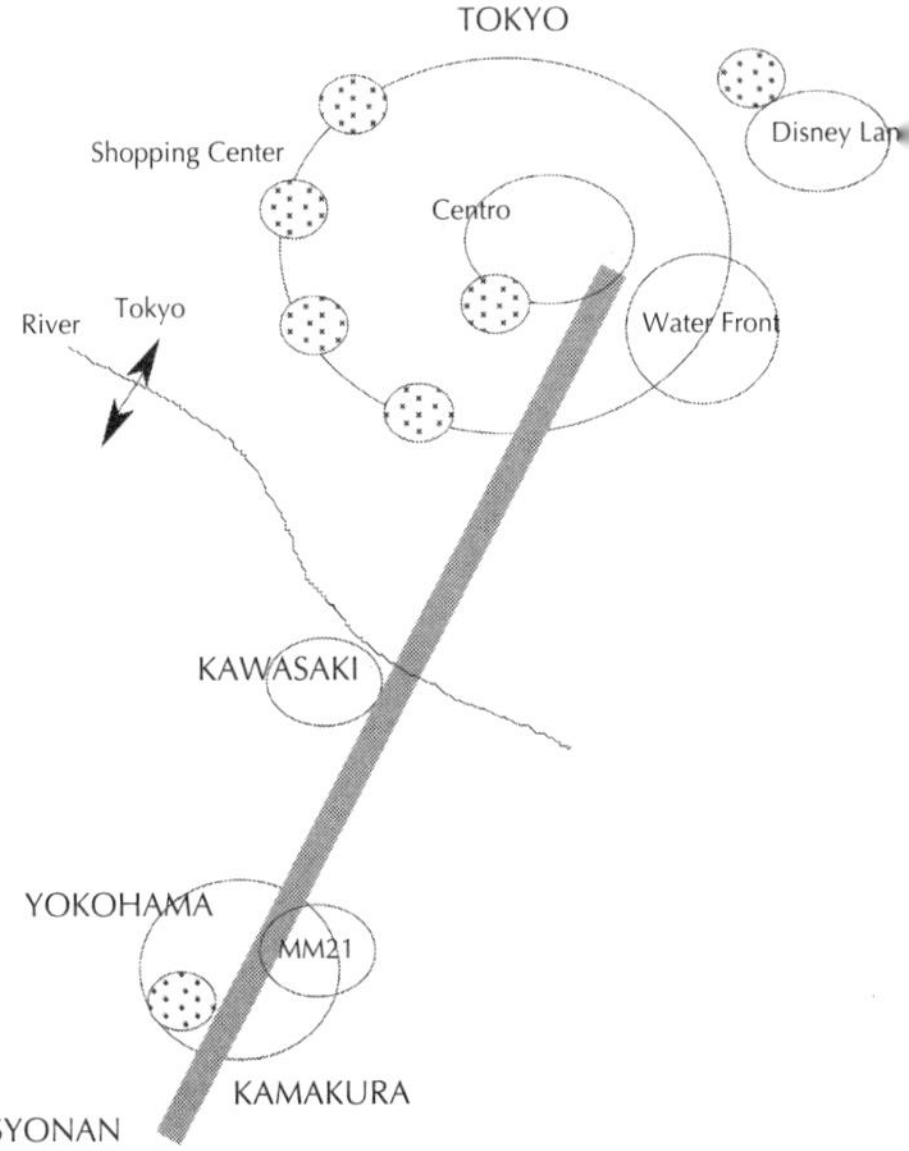

チームのための
クリエイティヴ・アナリシス

チームのための旗印

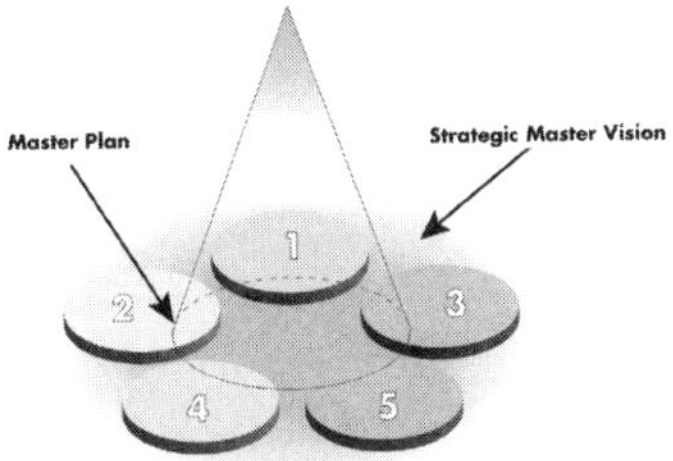

チームのための組織図

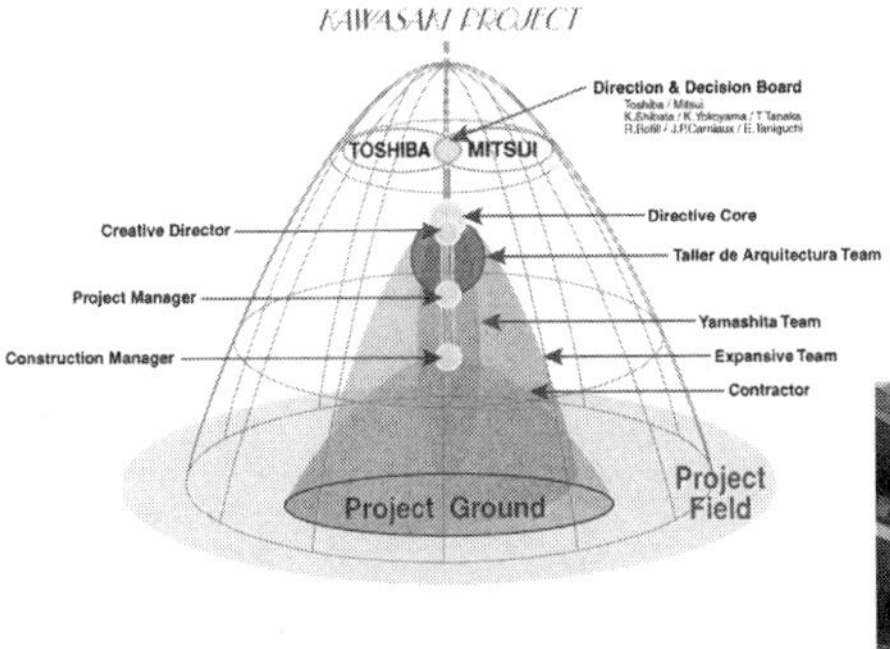

人の次元に降りてくるとか、そのようなことの接点として資生堂があるとか、私が旗印に込めたことを一瞬で直感的に理解してくれたんだと想います。建築が完成したときのオープニングパーティで、ジャン＝ピエールは私や福原さんに、「さっきあそこで天使を見かけたよ」と話しかけてきました。

ほかにもいろんな旗印があります。旗印はプロジェクトによって、またステージによって表現が変わりますけれども、それが表す意味や想いのようなものが関わる人のなかでリアリティを持ってくると、なんとなく闘うフィールドが自ずとハッキリしてきます。

『ラゾーナ カワサキ プラザ』の場合は資生堂の時とは逆に、私がリカルド・ボフィルのパートナーとして彼のチームに入りました。そして同時に山下設計のプロジェクトアドバイザーとして関わりました。

このプロジェクトでも、私のための旗印は簡単なマークのようですけれども、プロジェクトの規模が非常に大きいですから、チームのための旗印は長い文章、言葉で書いた小冊子にしました。

それというのもラゾーナの場合は三井不動産と東芝という大企業がクライアントですし、東芝がプロジェクトを三井不動産に委託するという形でした。しかもコンペでしたから、このようなことを考えてこの空間を創りましたという文章をつくったわけです。プレゼンは一回ですし、そのためのツールは彼らが社内に持ち帰ってプレゼンの場に来ていなかった人も含めてみんなで検討するわけですから、そういう人のためにもヴィジョンやコンセプトを言葉で言い表したものが必要だと思ったからです。もちろんこれはコンペに勝った後ではチーム全体の旗印になります。

旗印はさまざまです。ここには載せませんでしたが、京都で若い女性がローコストでつくったお店の旗印などもあります。建築プロジェクトだけではなくて、たとえば資生堂の幹部育成プログラムのためにつくった旗印もあります。各部署から有望な人が一人ずつ三泊四日くらいの日程でバリ島や上海やハノイなど、外国を含めていろいろな場所に行って、ものすごくタイトな集中プログラムを体験して、文化と場所と大きな視野での経営との関係のようなことを学ぶプロジェクトでした。それに対しても最初に旗印をつくりました。それに基づいてプログラムをつくりました。旗印がないと途中でブレてしまうんですね、自分もチームもプロジェクトも。ですから私はこういうものをプロジェクトの『創造的解析《クリエイティヴアナリシス》』のステージあと、プロジェクトの概要がハッキリしたあとでつくります。

いったんつくると、それはもう生まれてしまった子どものようなものですから、なんとか一所懸命その子を育てます。子どもと同じようにプロジェクトにはそれぞれそのプロジェクトにふさわしい個有のＤＮＡのようなものがありますから、それを大事にするようにします。ですから私の場合は建築でもプロジェクトでも基本的に、Ａ案、Ｂ案、Ｃ案というつくり方をしません。

私をつくっていると思われることなど

ところで、どうして私はこういう方法をとるようになったんだろうと、今回改めて考えてみました。そこで私が歩いてきた道をたどってみますと、どうもこういうことが関係しているのかなと自分でも思えるようなことがいくつかありましたので、そのことを少しお話しします。

スペインの哲学者で、オルテガ・イ・ガセットという人が、「私とは、私と私を取り巻く環境との対話だ」というようなことを言っていたように思います。そういう観点から、これはどうしても後付けみたいになりますけれども、お題が「ヴィジョンアーキテクトへの道」ということですので、いくつかの印象に残っていることをお話しするのもいいかなと思います。

私は石川県の加賀市の山代温泉というところの生まれです。中学の教師をする両親のもとに生まれました。加賀市というのは保守的なところですけれども、一向一揆が象徴するように百年間も民が国を治めた歴史を持つ、大衆文化がとても強いところです。

父親は地元の人で地元どっぷりです。母親は石川県生まれですけれども育ちは台湾で、引き揚げ者なものですから逆に地元に全く馴染んでいなくて、大陸的といいますか、はっきり言ってかなり浮いていました。

この二人の、性格もキャラクターも考え方も全く正反対のような人が両親だったという影響はかなりあるように想います。ちなみに父親は図画工作の、母親は音楽の教師でした。


私の三歳から六歳まで、一家は祖父の家に居候をしておりました。そこで私は寝る時に祖父から毎日、寝床でお話を聞かされていました。私はこれが大好きでした。真田十勇士とか黒田官兵衛とか義経の話とか、侍の話ばかりで、話を聴いているうちに寝てしまうのですが次の日に続きを話してもらいます。じいさんはとにかくそういうことに詳しくて、しかも軍師の話が好きで、どうもその影響はかなりあるように思います。

両親が教師で共働きでしたし弟は七歳はなれていましたから、一人でいることが多かったこともあって、もともと本とかは好きでした。少年少女世界文学全集などは何度も読みましたが、同時にカブトムシや魚を捕ったりなどして野山で遊ぶのも好きでした。

それと、かなり私に大きな影響を与えているのは、小学五年生の時に命に関わる大怪我をしたことです。万が一にも助からないというような状態で七ヶ月の入院をしましたけれども、優秀なお医者さんのおかげで、その言葉に支えられて一命を取り留めました。そのことについて書いた「二つの言葉」という一文がありますので後でごらんになってみてください（『メモリア少年時代』未知谷所収）。九死に一生どころか、確率を完全に無視して私は命をとりとめ、なんと還暦を過ぎてもまだ生きています。この幼い日の病院暮らしのなかで、私はたくさんの言葉に触れました。なかでも二つ、決して忘れられない言葉があります。一つは、最初の手術をする時、万に一つもという先生の言葉があったからでしょう、手術中の待合室で祖父が、娘である母に対して、先生がああ言っておられるのだから、覚悟をして、何があっても、というようなことを言った時、母が、「そんなことを言う人はもう、親でも子でもありません。帰ってください。この子の命は私が助けます」と、毅然と言ったこと。そしてもう一つは、最初の手術から病室に戻り、先生の最初の回診のとき、偉い先生が診てくださるんだよ、と言われていた私は、その時目隠しをされていましたが、先生が側に立った気配を感じた時、目隠しの向こうの先生に向かって「先生、僕は助かりますか？」と聞きました。そのとき、一瞬の間を置いて先生は、「私が助けます」と言ってくれた。この二つの言葉が、私の命をこの世にとどめてくれたのだと、今でも思っています。だから私は、言葉には、心と力が宿っていると、思います。

私が言葉にこだわるのは、このことがどこかで関係しているように思います。

病院を出る時に、看護婦さんから、「坊やはこの世に縁があったんだからね」と、強く言いきかされたことを覚えています。そのころからいろんな人の詩に興味を持ち始めました。

それから中学の時の修学旅行で、奈良の法隆寺を見て感動しました。これはとても鮮明に今でも覚えています。子どもなのにどうしてそんなに感動したんだろうと不思議ですけれども、あの木造の建築が全体として持っているオーラといいますか、ノーブルで明るく大らかな感じに強い感動を受けました。このことがなければ私はおそらく建築の方に進まなかっただろうと思います。どうしてかはわかりませんけれども、これはやはり法隆寺が持つ力なんだろうと思います。

同じく中学の時にビートルズを聴いてポップスに夢中になりました。ディランとかストーンズとか、毎晩勉強もしないで、こっそりラジオを聞いて頭がすっかりパーになってしまいました。同時に映画とかバックミンスター・フラーとか、いろんなことに興味を持つようになって夢想ばかりしているような少年でした。

中学の頃のことでよく覚えているのは、まわりの状況というのは、意外にちょっとしたことで変化するんだなあというか、変えられるんだなあということです。

一つは、生徒総会というのがありまして、これは全校生徒が講堂に集まって、生徒会長が議長になって中学校のいろんな問題とかを話し合う生徒の議会みたいなものです。これが実につまらなくて、退屈で退屈で、みんな長々と議論をして凄く嫌でした。あるとき給食がいつも余って捨てているけれども、もったいないので給食を残さないようにするにはどうすればいいかという議題になりました。みんないつものように、ああでもないこうでもないと言っておりました。私はその頃はもう、ビートルズとかポップスに狂っていて、そんなことはどうでもよかったのですけれども、そのうち、もし食べ残したら罰則とかなんとかヤバイことになりそうになって、昔の給食はまずかったですからね、このままだとまずい給食を全部食べなくちゃならなくなるぞということで、思わずハイと手を挙げて発言しました。

私が発言したのはそのときが初めてで、ただの思いつきで言ったことですけれど、「どんなに頑張っても給食が残るのはしようがないと思うので、学校の裏の山の中に大きな池があるから、そこで鯉を飼って、いっそ残飯を鯉の餌ということで裏の池に捨てたらどうか、そうすればきっと鯉がまるまる太るから、それを給食のおかずにしよう」と言いました。

すると真っ先に教頭先生が、それは良い考えだと興奮しまして、「谷口君それはいい意見だ早速やろう」ということになりました。そうやって鯉を育てて年に一回は鯉の丸揚げを給食に付けよう、とかいい始めて、それでもう生徒総会は、なんだそんな不真面目なことを言っても良いんだということで騒然となりまして、それからはもう生徒総会はみんなが喜ぶ馬鹿提案の発表会みたいになってしまいました。

残念ながら私は卒業してしまって鯉の丸揚げは食べられませんでしたけれども、それから何年か経って行って見ると、その池は町の養魚場になっていて、釣りは禁止と書いてありました。

ほかにも似たようなことがいろいろありました。たとえば学校では年に一回、バザーというのがあって、各自が家からいらないものを持ってきて、今で言うフリーマーケットみたなことをやって売り上げで必要なものを買うわけです。お母さんたちがぜんざいやお団子なんかを作って売ったりして、町のお祭りみたいな感じでした。

三年生の時、私はその実行委員をしていまして、当日、何がどれだけ売れているか見回ったりしていたのですが、どこかの部屋にレコードの山があって、全然売れないといって同級生が嘆いておりました。それではと思って放送室に行って私が試しにレコードをかけて、今で言うＤＪみたいなことをやりましたら、あっという間にレコードが売り切れてしまいました。変なものだなと思いました。安物のレコードが置いてあっても、どうせ傷がついていて聞けないと思ったんでしょうね。放送室でかければちゃんと音が出るんだということがわかりますからね。


また中学校では必ずなんらかのクラブに入らなくてはいけなくて、私はまあ理科が好きだったということもありますけれども、なんにもしなくて良さそうな理科クラブに入りました。実際何もしていなかったのですが、三年生になった時に、新入生の勧誘会ということで、講堂に集まった生徒を前にクラブ紹介をしなくてはいけなくなりました。私はあんまり面白い話とかはできませんし、クラブ活動も何もやってきていませんから困りました。

そこで思いついて、土で富士山の模型を作って、頂上に火薬とかを詰めて、そこに「理科クラブ特性の魔法の雨」とかいって一滴、スポイトで雨を降らせまして、つまり手品みたいなことをして富士山を噴火させるというイベントをやりました。富士山から花火が吹き上がるような感じです。すると希望者が殺到して教室に入りきれなくなってしまいました。

こんなに来ちゃったけどどうしよう、という問題が今度は起きました。人数によって予算が配分されて結構予算をもらえたんですけれども、だからといって一年生を集めて一年間、先生の授業みたいなことをするのは嫌でしたから、そこでまた考えました。

私の生まれた山代温泉には、いわゆるヘルスセンターみたいなものがあって、温泉を利用した温水プールとか熱帯植物園とかがありましたので、そこの責任者とかけあいまして、熱帯植物の研究ということでうちの部員の一年生をいっぱい手伝いに送り込むので、みんな頑張ってお手伝いをしますから、そのあとただでプールに入れさせてくださいという話をしました。すると、快くＯＫしてくださいまして、そんなわけでみんなプールに行くようになって、いつの間にか理科クラブは水泳クラブみたいなことになってしまいました。そういう妙なことがちょっとした思いつきや発言から実現してしまうんです。

とにかく勉強もしないで夜な夜な音楽を聴いてアホなことばかりやっておりました。私自身は別にアホなことをやるつもりはなくて、ただどういうわけか私のやることをきっかけにして、みんなが想像力を発揮して羽目を外し始めるのが不思議でした。そういうことをいろんな場面で実感しました。私は単にきっかけをつくっただけです。ただ、物事をなぜかちょっと視点を変えて見るという癖は、全く違う考え方を持つ両親を見て育ったということと、もしかしたら関係があるかもしれません。

ともかくそんなわけで全く勉強をしないまま、高校はなんとか小松高校という進学校に行きましたけれども、あいかわらず音楽ばかり聞いていましたので出る時はビリの方で、それなのに東北大学とかの一流大学の建築科ばかり受けて、当然のことながらみんな落ちました。先生にわざわざ呼び出されて、お前はアホかといわれましたので、これはまずいなと思って、京都で一年浪人して、横浜国立大学の建築科に入りました。

これがまた、ご存知と思いますけれども時代的には全共闘運動の最盛期で、おまけに横浜国大は革命家製造工場とか言われていましたから、もう大変でした。すぐに全学バリケードです。学校の中には先生は一人もいません。先生たちを追い出して、いつもバリケードの中に居て、そこで何をしていたかといいますと、念のために言っておきますけれども私は何もゲバ棒を持って暴れていたわけではありません。けれどもロックミュージックの最盛期でしたので、なかでコンサートをやったり演劇をやったりダンスパーティをやったりしていました。

また自主講座と称して、これはと思うような、社会で立派なお仕事をされている方、たとえば建築家の内井昭蔵先生とか原広さんとか、詩人の大岡信さんとか磯田光一さんとか、いろんな建築家や知識人に来てもらったりしておりました。なにしろみんな生意気な学生ですから、勝手にこの人は良さそうだぞと思った方々に話に行って来ていただきました。

そんなことをしておりますうちに二年ほど経って機動隊が入ってバリケードが解除されて授業

が始まりました。しかも、二、三年間何もしていないにもかかわらずいきなり四年生です。

そのときにちょっと面白いことがありました。学生がそれぞれ主任教授を選ぶ日がありました。黒板に先生の名前が書いてあって、そこで教授がちょっと説明をしてから、一人ずつ、学びたい教授の名前の下に自分の名前を書くわけです。そのうち私の番になって、私はどう考えても就きたい先生がいなかったものですから、仕方なく黒板に先生たちの名前の横に自分の名前を書きました。僕は僕でやります、みたいなことです。

すると、それからはみんな、なぜか私の名前の下に名前を書き始めました。多分楽だと思ったんでしょう。すでに書いた人も、あらためて出てきて私の下に名前を書いて、とうとう大半が私のゼミの生徒ということになってしまいました。

先生たちは呆然です。まあそれが時代の風というものだったのかもしれません。でも私が自分の名前を書かなければ、そういうことは起きなかったわけで、物事というのはちょっとしたことでがらっと変わるものなのだなと、あらためて思いました。

そのあと先生と、「どうします先生?」みたいなことで、サシで相談しました。横浜国大の建築科は生徒が教えてもいいことにしましょうよ、ということになりましたけれども、ただ単位の問題もありますから、それでいいかどうか文部省に聞かなくちゃいけないと主任教授はおっしゃるわけです。この方はなぜか私のことを妙に認めてくださっていて、わざわざ文部省に手紙を出しました。もちろん則却下です。そんなわけで私のゼミはなくなっちゃいました。

しかし授業が再開されても変なことばかりしていました。たとえば、「自分の個人空間を設計せよ」という課題が出されたりすると、友だちはみんな自分の部屋の設計とかをしていましたけれども、私は個人空間といえばまずは詩だなということで、自分の好きな詩のなかから、これはカッコいいフレーズだぞとかいろいろ選び出して、自分の言葉も入れ、それをコラージュのように配置して出しました。

しかしそんなものは先生から見れば論外ですよね。おまえのは話にならんと言われて、私はどうしてかと反論したりして大論争になりました。もちろん私としては、真面目にそう考えたということもありますけれども、そもそも論争をおこすためにやっているのですから、授業はいつももめにもめました。

本来なら論外ということで、単位なんかもらえないわけですけれども、先生方の中に一人、有名な詩人の田村隆一さんの酒飲み友達の現役の建築家がいらっしゃいました。先生たちの中で一目置かれていて、この方が私の出すものをことごとく高評価するものですから、ますます大論争になって、結局、先生たちとしては面倒なので僕にはさっさと出てもらいたかったようです。でも退校ということにはならなくて、私が「卒業しようかなあ」と言いましたら、みなさん単位を下さいまして、それで一応卒業しました。そんなわけで卒業してからもずっと、ほんの最近まで、本当は卒業していなかったんだと気付くという夢にうなされて目覚めたことが何度もあります。

とにかく大学ではそんなことばかりしておりました。「弘明寺の地域再開発をせよ」という課題には街の音と音楽とを組み合わせて、いまでいうサウンドスケープ・デザインみたいなこともやりました。ホントどうしようもないですね。

そうこうしているうちに、だんだん普段の授業が始まって、とはいっても私はほとんど全く出席していなかったのですが、もともと建築は嫌いじゃありませんから。それで気が向いて授業に出てみたこともありました。たまには勉強もしてみたいですからね。ところがそうして出席すると、教授から、「谷口君は外の仕事が忙しいだろうから無理しなくていい」と言われました。

まあそれで、とにかく私一人だけ夏に学校を卒業しました。そんなとんでもない学生でしたけれども、やはり食べていかなくちゃいけませんから、卒業する前から音楽をやりながら設計事務所で模型作りのバイトをしていて、卒業後そこの所長がうちにきなさいということで雇ってくれて三年間そこで働きました。入ってからも平行して音楽をやってレコードを出したりもしました。

その設計事務所でも変なことがありました。小さな事務所でしたけれども、ちょっと変わっていて、全共闘上がりみたいな人ばかりいました。でもなぜか大きな仕事をいっぱいやっていまして、所長さんが、自分の仕事にはなぜか私を連れて行ってくれて、神奈川県庁の仕事とか、日本で初めての超高層住宅のモデル設計の手伝いとか、いろいろやらせてもらいました。

私はなんにも知らなかったし、髪の毛も今はこんなですが、その頃は長くて肩の下まであって、ほとんどヒッピーです。ジーパンも今はグランジというのか破れたのをはいている人も多いですけれども、その元祖みたいな、今から考えるととんでもない格好をしていました。

そんな格好をして、それで所長と一緒に神奈川県庁なんかの建築部長さんとかに会いに行くわけですけれども、玄関を入る時に所長から必ず、「谷口、髪の毛をシャツの中に入れろ」と言われたのを覚えています。それで何がと思いましたけれども、いちおう最低限の礼儀ということでしょうか。

そうこうしているうちに、大きな商社がオランダにプラントの輸出をするとかで、その施設の設計を事務所がしていたのですけれども、設計のすりあわせのために誰かをオランダに駐在させてくれということになって、その商社の担当の部長さんから、谷口君にやらせたらいいだろうとご指名を受けました。

言葉も分らないし建築も知らないのに事務所の中で一番何も知らない自分をどうしてと思いましたけれども、クライアントがそう仰るのだからしかたがありません。「おまえ行け」と所長に言われまして、とにかく偉いさんに会ってくれということで、大きな会社に所長と一緒に行くことになりました。

さすがに私も少しは気を使いまして、まず長くしていた髪をバッサリ切りました。スーツとかは持っていませんで、さすがに所長も私の普段の格好ではマズイということで、体格が少し似ていた副所長にスーツとシャツを借りて所長からネクタイを借りました。私も、もしかしたらオランダに行けるかもということで、それで神妙な顔をして所長と二人で、大きな会社の応接室に行きました。

　すると先方の部長さんが私を見るなり、「アレーッ、谷口君、髪切っちゃったの？」と言われてびっくりしました。「だって向こうのオランダ人の事務所は君みたいな連中ばっかりで、ロックをガンガンかけながら仕事をしているんだよ、だから君がピッタリだと思ったんだけどなあ、残念だなあ」と、ずいぶんがっかりされて、しまったと思いました。


　そのとき私は心底、世界は広いといいますか、やっぱり日本が特殊だったんだと思いました。あんまりこんな世間に合わせてもろくなことはないなあと、また一つ勉強しました。その話は、プロジェクトそのものが止まってしまったので、それきりになりましたけれども、どうもそのあたりから外国に行って見ようかなと思い始めたように思います。

　それで次の年にバルセロナに行きまして、それから七、八年、住むことになりました。私はさまざまな人と出会う運を持っているのかもしれませんけれども、そこでいろいろな人に出会いました。

　行ってすぐ、なぜか仲よくなった人から、ブティック創りを頼まれました。それはゴシック街の真ん中にある結構大きなスペースだったんですけれども、設計とか現場監理とかいう次元ではなくて、図面は描かずにいきなり自分でセメントをこねて、学生のバイトを雇ったりして、棚から何からみんな手作りで内装をやりました。路から見た時に立体的な絵みたいに見える、ちょっとシュールな空間でした。

そうこうするうちにみんなが、お前はイビサ島に行った方がいい、あそこはお前みたいな連中がいっぱいいるとか言われて、今は高級リゾート地でクラブミュージックの世界的なメッカになっているイビサに向かいました。行ってみると確かに私にぴったりの島でした。とにかくアーティストが世界中から来ていて、お金持ちも多くてヒッピーもたくさんいて、ミュージシャンもロンドンやアメリカからいっぱい来ていました。リカルド・ボフィルも、彼の最初の設計はイビサにつくったおじさんの別荘です。画家も多くて、そこで先ほどお話ししましたピカソの友だちのロベルト・オテロとか、ゴメスさんとか、多くの人と知りあいました。

友人の多くは年上で、アートシーンのなかで超一流の仕事をしている人たちも多くて、そういう人たちからなぜか私は家族同然のつきあいをしてもらうようになりました。これは本当に有り難いことで、私にとってはとても大きなことです。

そういう人たちに共通しているのは、みんな価値観がはっきりしていて、歳にも身分にも全くこだわりがなくて、大事なことは大事、くだらないことはくだらないとする、その姿勢のようなものがハッキリしていて、みんな見事でした。つまりその頃のイビサ島というところは、すごい力を持っているけれども権力とか権威とかが嫌いな人たちが、おもしろがって集まっているパラダイスのようなところでした。この場所で私が得たことはものすごく大きいです。

イビサでいろんな人と知り合いました、有名な人もそうでない人も、あとで有名になった人、たとえばNYで香水を作って成功した人とかフロリダにレザーショップをつくって成功した人とか、いろんな個性的な人がいて、ヨーロッパの夏のファッションも、イビサのものが二夏ほど過ぎてから大ブランドに取り入れられたりとか、美意識がナチュラルでとんがっているという、とても面白いところでした。

こうして振り返ってみると私は、人との出会いに恵まれていて、日本に戻ってきてからも素晴らしい人たちと知り合って、いろんな人に、いろんなことを教えてもらったり助けて頂いたりしています。自分がやるべきことを気づかせてくれるような人と出会えて本当に私はラッキーだと思っています。基本的に人は人から学ぶと思いますけれども、素晴らしい方々が、有り難いことにいろんな方々が私に学びの場をあたえてくれていると感じています。

アートやロックからも多くのことを学びましたし今も学んでいます。たとえばロックミュージックは、十人十色というか、人にはそれぞれ自分にあった表現があるということを教えてくれました。六〇年代七〇年代には、実に多くのバラエティに富んだ個性的なバンドが登場しました。時代ということや、その風の中でそのときそのときで、身近な友人たちや遠いどこかに向かってメッセージを発することの大切さを教えてくれました。

またスペインの友人たちをとおして特に、「美は権力より強い、はるかに力がある」というようなことを実感として学びました。ポスト近代においては人間や社会にとっての美ということが、これから一番大事になっていくと私は思っています。

六〇年代七〇年代にはすでに、イビサでもヒップスターたちはそう想っていましたし、先進的な文化の担い手たちもそう考えていたと思います、これからは近代とは違う時代に向かうべきだと。逆にそういう方向に向かわないと世界は悲惨なことになると、最近ますます感じています。あのころすでにローマクラブが、『成長の限界』というレポートを発表して、このままいくと世界は大変なことになるという警告をしてもいます。それと同じような考え方をしていた人たちが、世界中にたくさんいたように思います。

美と命について

突き詰めていくと、人間も動物の一種ですけれども、しかしライオンや猫とは少し違う面を持っていて、人は文化をつくりだすことによって人間性を育んできました。そのとき何が人をより人らしくさせてきたのかと考えると、私はそれは美だと考えています。

美しいこと。美しくあることが好きだということが最も人間性を豊かにする要因になってきたと思っています。人間というのは美しいことが好きで、それがないと活き活きしないし、人としての喜びが無くなってしまうという気がします。ここで言う美というのは、なにもいわゆる芸術のことばかりを言っているわけではありません。何であれ美しさにこだわることによって、人は人になってきたんだと思います。

ですから人間を人間らしくさせる何か、活き活きさせる何かということと美が大きく関係していると私は考えています。お母さんが子どものお弁当をきれいに飾ったり服に刺繍をしたり、誰かにプレゼントを買う時なども、相手の笑顔を思い浮かべたりして人は一所懸命選びますし、とにかく人にとってうれしいこと、喜ばしいことの多くが美と共にあります。

人間の人間らしい暮らしというのは常に美と共にありますし、美しくあろうとすることがポジティヴな力になります。さまざまなかたちで美を求めてきたからこそ人は文化をつくれたのだと思います。突き詰めればそういうことだと私は思っています。

逆にいえば、美を失ったら人が人でなくなってしまいます。人はお墓や死者に美の象徴でもある美しい花を手向けます。煙が天に向かって上るお線香もあげます。即物的に考えれば死者にはそれは見えないということになりますけれども、でも人は太古の昔からそうして死者を弔ってきました。

人間というのは不思議なことに美しいと思えることには頑張れますけれども、そうでないことにはわりといいかげんなところがあります。ですから人にとって美は大事です。また美と共に生きるにしても、どんな美も生きていないと創り出せないわけですから、その前提として「命」というものが基本です。したがって私としては「美と命」ということが、これからは最も大切かなと思っていますし、そういうことを大切にする人間性がこれからは重要な働きをすると思います。

振り返ってみますと私は、保守的な田舎でロックを聴いて育ち、大学では勉強もしないで音楽をやっていたり、日本とスペインという極端に違う文化、極東と極西というくらい違うところをなぜか故郷として持つことになったり、スペインの中でもイビサ島という、「多様な自然と人間の文化との共生」ということで世界遺産になっているような、そこにいた人も含めて極めて多様な文化性を持つ場所で暮らしたりしてきました。

友人もゴメスさんのようにアートの権威付けに結果的に関与した文化シーンの立役者で社会的に重要なポジションを持つ人や、逆にその権威を破壊するようなビートニックの親分のようなエステバンという天才画家とも親しくしてきました。対極的な世界の両方のボスを友人に持つというのは、ちょっと珍しいことだったかもしれません。

考えてみると私は、親もそうですけれども、一般的には相反するような対極的な状況や人の間にいつもいて、自分自身も対極にあるようなことにあたりまえのように興味を持って、その両方と触れ合って、その間を往き来してきたように思います。そういうことが私をつくってきた感じがします。

それに加えて大学のころにいろんな社会的な勉強をしましたけれども、そのうち私はどうも、近代というのがそういう相反することを許さないような社会なんじゃないかということに気が付きました。

近代では物事を細分化し個別化して、右か左か進化か退化か、成長か衰退か仕事か遊びか、保守か革新か、自然かテクノロジーか文化か経済かとか、単純な善悪とかの対立する二項を提示して、そのどちらを選択するかを個に迫ります。

しかし物事を細分化、分業化すると、今度は自ずとばらばらになったものを高いところから眺めて統御するような官僚的、あるいは中央集権的な仕組とそれを統治する権力が強くなります。そしてその権力がどうも、個があっちへ行ったりこっちへ来たりすることを許さない社会をつくりあげていて、それが非人間的だなと、あるときから思いはじめました。非人間的というのは人間性が健康に育まれないということです。つまり個有の美が大切にされないということです。

そういう近代的な仕組みはどこから来たんだろうと考えると、これはヨーロッパに長くいたので感じることだと思うのですけれども、突き詰めればそこには、すべてを善悪などの二項対立にわける旧約聖書的なというか、神が絶対であるという一神論的な価値観の上に構築されたキリスト教やイスラム教を含めた、ある意味では二律背反的な要素を推進力にする西欧思想が根底にあるように思います。あるいは神の代理としての宗教的な権威とか、イギリスでは領主である貴族のことをロードと言いますけれども、それは神という言葉と同じで、神のような人が人々を統べるという社会構造になっているわけです。これは実は根深いところで中央集権的な近代社会にも受け継がれていて、そういう原理で構築された社会はどうも窮屈だなと感じています。

そういう意味では私は、今まで申しあげてきましたように、両親に始まって育ち方や友人を含めて、一見背反するかのような二項の間をいつもいったり来たりしてきましたので、むしろそれをあたりまえのこと、人間というのはそういうものじゃないかと実は感じています。

そういうことで言いますと、文化にはそれぞれ特徴のようなものがあって、建築や都市計画の世界でも、日本ではディテールには非常に敏感だけれども大きな観点がしばしば欠如していたりします。また社会の大きな舵取りを権力者や政治家に委ねているようなところもあって、どうもそれが嫌だなと、本当であれば、そういう両方の視点をもって社会の仕組みなどを考えるのもヴィジョンアーキテクトの仕事だと本当は思いますが、私には荷が重くて、そういうことにはなかなか入って行けません。

ただ、ああでもないこうでもないと考えながらも、でも美しいものが好きだという人間の特性を活かす社会のあり方、それによって人々を活き活きさせる環境を考えることがこれからは必要になるだろうと思います。それが建築においても社会においても会社においても重要なのかなと思います。そしてこのことはすでに世界的な課題になっていると思います。

さらに言いますと、今の社会で資本というと、これはほとんど金融資本、あるいは土地のような資産のことでしかありません。しかし長い歴史を考えた場合、資本というのは本来は街であり、自然であり、そこで育まれる文化であり、そういう文化資本や社会資本こそが人と社会を豊かにしますし、明日への最も重要な資本だと考え直すべきだと思います。そう考える方向に行くべきですし、このまま金融資本ばかりが暴走したのでは大変なことになると思います。

つまり近代というのは、国家や経済や産業を重視して構築されたパワフルだけれども幼稚な方法によって構成されています。近代社会というのは、たかだかここ二百年でつくられた社会であり仕組です。私は近代の特徴でもある二項対立的な二者択一の考えが小さい頃から嫌で、向こうから見たりこちらから見たりして、ああでもないこうでもないと考えながら、だからこそ視えてくることを見たいなと思ってここまで来ました。

先日そのことを顧問に言いましたら、「谷口さん、それはあなたがスゥイングしているということだよ」と、とても素敵なことをおっしゃってくれて嬉しかったです。でも考えて見れば人間というのはもともとそういう生きものだと思います。好きか嫌いかと言われても、どちらともいえない場合もよくあります。選択を迫られても、今はこうしたいけれど明日は違うかもしれないということもありますし、逆にいえばそれを許容する時空間や場所があるのではないかと考えた方が面白いと思います。

たとえば施主が矛盾するような要望を言ったとして、それをどちらも満足させるようなことができないかと考える時にヴィジョンやコンセプトがジャンプするように思います。つまりいくつもの矛盾するような要素を解決する方法を考えるのが、空間づくりにおけるプロの仕事なのかなと実は思っています。

またこれはロックから学んだことですけれども、ビートルズもローリングストーンズも、もとはといえば十代のころにたまたま友だちだった普通の少年が集まって始めたバンドです。でも結果的には全員が天才アーティストというか、バンドそのものが天才的な存在になりました。私が思うに、これは人間が誰でも持っている無限の可能性をよく表していると思います。

さきほど中学校の話をしましたけれども、人というのはきっかけさえあれば、たとえば不良と言われるような子でも常識にとらわれないとてもいい意見を言ったりします。そういうきっかけをつくるのがアーティストの役割であり、そういうことが自由にできるようにするのが政治の本来の役割だと私は思います。

思想や論理や数字は人を同じような場所に連れて行きますけれども、たとえば詩の言葉は、たとえ直接的、具体的な意味はなかったとしても、いったんそれが心に入った場合は、それはもう誰のものでもなくて、その人だけの言葉になります。そのありようも人によってさまざまです。

建築もそういうものだと実は思っていて、建築は決してつくった人の物ではなくて、それを気に入ったり利用する人、その建築と触れあうそれぞれの人のものなんだと思います。というか、そう考えた方がクオリティがジャンプするように思います。

私は詩と空間、本と建築はとても似ていて、詩と空間はヴィジョンで、本や建築はそれを社会化したものだと考えています。そんなわけでこれからも機会があれば美と人と社会のことを考えながら、詩を書くように建築などの時空間を創っていきたい、あるいは建築を創るように本を書いていきたいと思っています。

最後に、生命の基本というのは突き詰めて行けば、命をつないでいくということだと思います。だとしたら文化や美というものを営々とつくってきた人間の場合は、それに加えて、これまでつくられてきた美や文化を後世に伝えていくということ、あるいはそこに新たな美をつけ加えていくということもまた大切で、それが人間の最も人間的な役割なんだろうと思います。

以上第一部は木創庵で行われたセミナーの記録を本書収録のため改稿したものです。

第二部

ヴィジョンアーキテクトという仕事

『ヴィジョン（Vision）』という英語の言葉にはいくつかの意味があります。一つは「言葉などで描かれた将来あるべき姿」、すなわち「未来に向けての構想」や「未来像」という意味です。ほかにも「幻想」や「夢」や「まぼろし」という意味や、景色や視界のように「自分の目が捉えている光景」といった意味もありますけれども、『ヴィジョンアーキテクト』が仕事の対象とするのは最初の「将来あるべき姿」という意味のヴィジョンです。

『アーキテクト（Architect）』は「建築家」です。建築家の仕事というのは一般に「建築主の依頼を受けて、特定の場所に建築主の要望に合致するような建築空間を構想し設計し、それが想い描いた通りの空間になるようにすること」です。したがって『ヴィジョンアーキテクト』というのは「将来あるべき新たな場所や営みを構想し設計しそれをプロジェクトの推進者のパートナーとして現実化する人」のことだということになります。

ヴィジョンアーキテクトの働き

第一部では、ヴィジョンアーキテクトについて私の個人史や具体例なども含めてお話ししました。第二部では、ヴィジョンアーキテクトの仕事の方法や働き方は特殊なのか、それとも汎用性があるのかということについてお話ししようと思います。

結論から言えば、私がジャンルを限定せずにさまざまなプロジェクトを行うなかで試行錯誤を重ねながら自分なりに編み出し、また建築などの、予算や工期や実現すべき目的やレベルなどの極めてリアルな条件を満足させなくてはならない仕事や、企業の経営戦略や未来戦略などのように企業の明日や業績を左右しかねないプロジェクトを行うなかで自ずと鍛えられ、次第に強度を増してきたように思えるこの方法には、あらゆることに応用し得る汎用性があり、とりわけ近代的な方法や手法によっては切り開くことができない領域《フィールド》、とりわけ個性的な空間やそれを生み出す仕組みの創造に非常に有効であると考えています。

それというのも、二百年余の長きにわたって続いてきた近代という、世界標準モデルの構築とその展開によって発展してきた一つの時代が終わり、その最終段階である現代において露呈した極端な富や情報や権力の占有化などの諸問題とそれをもたらした方法的限界を超えて、人間性や創造性や文化性や社会性をより重視する新たな時代、成長から成熟へと移行すべき歴史的な地点に私たちが現在立っているからです。

産業化社会を牽引した多くの企業や国家が採用した近代的なシステムは、端的に言えば、無限拡大成長とそれによる金融資本の増大を指向するメカニズムを内包していました。そこで重視されたのはスケールの拡大であり、それを統御するシステムデザインであり、そのメカニズムを効率よく稼働させるための分業化や専門化やそれによってもたらされるワールドワイドな特許などでした。

初期の段階においては国家の後ろ盾と共に成長し、国民を富ますことにも寄与した企業は、やがて巨大化し始め、二十世紀の終盤には多国籍企業の活動が国家の枠を超え、自らにより有利な稼働条件を追究する独自の利益追究体へと変化していきました。そのなかで、国民を主権者とする国民国家の理想を掲げてスタートしたはずの国家さえもが肥大化した国家運営機構を維持するために、ともすれば国民よりも大企業を優遇せざるを得ない状況に陥りました。

それと並行して登場したインターネットが、地球全体を一つの巨大な無際限な商業フィールドと化しました。インターネットは、地球上の現実的な領土やマーケットの拡大が限界に達し、商品も飽和状態になり始めたことと呼応して登場した、情報を商品とする無限拡大が可能なヴァーチャルフィールドです。

このフィールドは人間社会にとって全く新たなものであったために、先駆力とスケールメリットとシステムデザインのシンプルさによって勝ち上がった強者がより強大になるメカニズムが働いて、現時点ではいわゆるＧＡＦＡ（グーグル、アップル、フェイスブック、アマゾン）がフィールドの覇者として独裁的に君臨し、誰もが常にスマートフォンを手にして小さな画面と向かい合い、断片化した個々人が断片化した世界の中で電波を介してコミュニケーションを行うことが世界的に日常化しました。

つまり人が寄り集まって、より多くの物を大量に生産し、より速くより大量により広域に流通させてきた大量生産大量消費の近代に代わって、物ではなく情報を大量に瞬時に距離の壁を超えて人を介さずにランダムにやり取りする無限生産無限消費ともいうべきインターネット時代がすでに到来していました。そんななか、二〇二〇年に新型コロナウイルスによるパンデミックが世界を襲い社会活動を激変させました。

人と人とが直接会わず、電波を介して会話し、みんなが集まってレストランで食事をしたり、ライブ演奏を聴いたりすることを避けるという、感染症によって人々が結果的に強いられることになったこの状態は、奇妙なことにインターネットによって広まった生活スタイルに現象的には酷似しています。

日本ではニューノーマルなどという、その状態を常態化させた個々人の自粛を前提とした暮らし方が唱えられ始めています。しかしこれは人間的な暮らしや、それをより快適にするものとしての社会の役割、あるいは空間構想者の役割、ということを考えたとき、本末転倒というべき、まったく後ろ向きの考え方です。

人間は有史以来、感染症をはじめ常にさまざまな困難と闘ってきました。こうした世界的なショックを受けたときにこそ、私たちは知恵を集めて、それを飛躍の契機として、より快適で豊かな社会空間や営みのありようを模索し実現すべきです。たとえば十九世紀にコレラが大流行して多くの死者を出したロンドンでは、それを機に下水道の完備に取りかかりました。このことについては後でさらに言及しますけれども、この疫病は人間の暮らしや健康や社会や文化のクオリティの総体を向上させるチャンスとして役立ててこそ意味があります。

そのように考えるとき、マスを対象とし、モデル化とその拡大再生産を指向した近代的な方法ではなく、これから述べるような、あくまでも主体性や個有性や人間性や社会性に立脚し、個々のプロジェクトにおいてこそなしうる個有の可能性を個有のヴィジョンのもとに追求する方法は、新たな時代を、新たなありようを先験的に切り拓く有効性を秘めていると確信します。

ただ、これから説明しようとするこの方法は、近代や現代において一般的に有効だと信じられてきた方法とは異なりますから、最初は違和感を持たれるかもしれません。しかし人間的な感覚や、私たちの身の回りにある物事の原理的なありようを見つめれば、むしろより自然な方法であって、実際にやってみれば実はそれが最も矛盾や無理や無駄や失敗が少なく、しかも成果を得やすい方法だということがわかるはずです。

人間は長い歴史を通し、実に多くのプロジェクトを通して、人としての新たな営みや新たな社会のありようを実現してきましたけれども、プロジェクトというのは基本的に、社会的な営みやそのための場所をより良いものにするために人が協働して行う仕事です。

もちろん一つのプロジェクトで社会全体を変えることなどできませんから、一つひとつのプロジェクトにおいて、私たちの営みのどの部分をどのように変えようとするのか、それを誰がなんのために何を目指して為すのかを明確にしなければなりません。

どんなプロジェクトにも予算や遂行期間がありますしプロジェクトを取り巻く条件や環境も必ずしも良いとは限りません。むしろ悪いからこそプロジェクトを起こすという場合がほとんどです。つまりマイナスをプラスに変えることにこそプロジェクトの存在理由があります。またプロジェクトは通常さまざまな、対処すべき、あるいは乗り越えるべき諸条件や事情を抱えています。

そのようなかでヴィジョンアーキテクトが為すべき働きというのは、具体的にはプロジェクトやその成果によって、プロジェクトを取り巻くグラウンドに飛躍的な変化を起こすことです。しかも変化を起こす前にはあり得ないことのように見えながら、変化が起きた後では自然に、あたかも必然的なもののように感じられるような、これまでどうしてなかったのかと人々が思うような、そういう変化を起こすことです。

したがってヴィジョンアーキテクトの働きは、すでに方法が確立されていて、それを繰り返したり再生産することよりも、新しい何かを生み出したり、すでにある現実や方法を変えようとするプロジェクトにとってより有効です。

飛躍的な変化を起こすためには、まず何よりもプロジェクトのグラウンド、すなわちプロジェクトをとりまく基本的な条件をよく確かめなければなりません。そうしなければ大地を踏みしめて高くジャンプすることができないからです。具体的には、私はプロジェクトには、『事業推進主体《プロジェクト》』『目的（現実）』『社会（時代）性』『人間性』という四つの、プロジェクトを遂行する際の基本条件（プロジェクトのための四つの敷地《グラウンド》）があると考えています（43頁の図参照）。

それらはプロジェクトを成立させる最も重要な条件ですから、それらに内在する要素を、表面的な現象やあるがままの現状としてではなく、そこに潜む本質、それを成り立たせている根源や理由や原則や限界などの観点から確かめる必要があります。そこからヴィジョンアーキテクトは実現し得る可能性を見つめ、方向性を見定めて全力でジャンプします。そうしなければ飛躍的な変化や持続的発展力のある成果を生み出すことができないからです。

四つの重要基本条件 その1　事業《プロジェクト》推進主体

どんなプロジェクトにも、それを遂行する『プロジェクト推進主体』があります。企業や自治体などが内部スタッフとともに遂行するプロジェクトもあれば、プロジェクト主体が業務の一部を外部に発注するプロジェクトもあります。その場合、一般的には受注者にとって発注者は施主やクライアントと呼ばれる存在になります。たとえば建築などの場合は期間や予算や目的や建築与件と呼ばれる満たすべき条件などは発注者が策定し、その提示に基づいて受注者はそれを満たすべく作業をします。そこでは受注者はいわゆる業務委託を受けた者、いわゆる業者として働きます。

もちろん受注者は諸条件を自らが精査し、作業に対する対価を提示し、双方がそれを確認し合って契約書を交わして作業を行います。契約書は本来、発注者と受注者などの契約の当事者が対等の立場に立つためのものですが、日本ではなぜか発注者に有利なことがいろいろと記されていることがよくあります。その場合、仕事をくれる人ともらう人というような一種の上下関係が自ずとできてしまい、ちゃんとした協働ができにくくなります。しかしなぜかそれがまかり通ってしまっていることが多々見られます。

しかし新しいものをつくったり新しいことを起こしたり、現状を打破するために行うヴィジョナリープロジェクト、あるいは何かを一気に活性化させたり社運をかけて行うシンボリックプロジェクトでは、そのような関係は基本的にネガティヴに作用します。上下関係を背景にして行われる物事の決定は、ともすれば恣意的で前例や現状に左右されやすく、再生産が目的であるような既存のプロジェクトの枠に収まりがちになってしまうからです。

ヴィジョンアーキテクトはヴィジョナリープロジェクトにおいては、プロジェクト推進主体のパートナーとしての働きをします。具体的には、プロジェクトの発案や立ち上げや条件の設定やプロジェクトの設計や遂行、時にはその運用などの全てのプロセスとその結果に関与するということです。

企業であれ省庁であれ自治体であれ組織というものは、本質的に現状の維持や拡大を指向し、物事の決定においては内部の力関係を重視し、前例を踏襲し、内部を肯定し外部を批判的に捉えがちであり、その組織の内的価値観に近い視点から狭い視野を想定し、そこに願望を加味して物事を進めがちになります。

そうするとプロジェクトの目的やそれに付与する諸条件がどうしても、自分たちに都合のいいものになりがちになり、プロジェクトそのものに盲点が生じたり片手落ちになったり脆弱になったりします。

つまり結果が現実的な有効性を伴わなかったり、うまく機能しなかったりする危険性が生じます。ですからパートナーとしてのヴィジョンアーキテクトの役割の一つは、組織内の力関係や視野や慣習などにとらわれずに客観的な、あるいは組織の外にいる者の観点から、さまざまなアドバイスやディレクションや創造的作業を行うことにあります。

また大企業や自治体などが行うプロジェクトの場合、契約書のサインは社長や首長がしたとしても、企画を立案したりプロジェクトを実際に推進するのは、組織内の一部署であることが多く、横断的に全ての部署が関わるといった特別プロジェクトは日本の場合ほとんどありません。

こうした慣習の中では、それが企業や地域の本質に関わるヴィジョナリープロジェクトであっても、プロジェクトの本意を損なうようなことがしばしば起きます。部署の日常の業務との関係を重視して、企業や行政や地域の理念や社会的役割などを見失いがちになるからです。

また担当者が社長などの真意をよく理解していなかったり誤解していたり過剰解釈をしている場合がありますし、社長や責任者の目的の設定自体が曖昧だったりすることもあります。これは自治体などでも同じで、社長や市長や知事などの総合責任者は多忙ですし、そのような高い身分にある人に直言する部下はそれほど多くはありません。それでいて総合責任者は多くのことを自らの責任において自分が決定しなくてはいけませんから実は孤独です。

ですから外部のスペシャリストとして参加してプロジェクトに集中できるヴィジョンアーキテクトが、プロジェクト推進主体のパートナーとして上下関係や組織内の利害や領域やジャンルの縛りを超えてアドバイスすることは極めて有効です。目的はプロジェクトを成功させることにあり、そのためには事業《プロジェクト》推進主体を裸の王様にしてはならないからです。

四つの重要基本条件 その2　プロジェクトの目的ならびに現実

企業は社会的存在ですから、大きくても小さくても基本的にその会社が社会に何を提供するのかという社会的役割や社会的存在理由（ミッション）があります。それを表す企業理念などもありますから、ヴィジョナリープロジェクトやその目的は、そのミッションに基づいていると同時に、プロジェクトがミッションと本質的に連動していて、それを活性化するようなものでなくてはなりません。新しい何かを創ったり、新たな活動を起こしたりするためのヴィジョナリープロジェクトは、推進主体そのものを活性化させるシンボリックアクションであり、短期的な利益を求めるために行うようなものではないからです。

ですからヴィジョンアーキテクトはプロジェクトに参加した時点で、提示された目的や与件をそのまま鵜呑みにするのではなく、責任者にヒアリングをしたり、独自に推進主体のミッションやプロジェクトをとりまく現実、それとプロジェクト概要とを重ね合わせて目的や与件を見つめなおし、そのプロジェクトが与える社会的影響などについてもゼロベースで考えます。

そうすることによって初めて、プロジェクトの目的の本質や意義やプロジェクトをとりまく現実のありようが見えてきます。その結果、疑問などが生じれば推進主体との対話を行い、そこから課題を発見しなくてはなりません。

一般にプロジェクトが発案された段階では目的やネガティヴポイントが必ずしも鮮明ではないことが多く、建築などでは規模や予算や面積や用途などの必要条件に重点がおかれていて、十分条件、すなわち何を実現すれば成功と言えるのかということが曖昧であることがしばしばあります。あるいは成功像そのものが利益というような短期的な数値目標であったり実体を伴っていなかったりすることもありますから、この段階においてヴィジョンアーキテクトにとって大切なのは、必要条件に加えて十分条件を把握することです。

四つの重要基本条件 その3　プロジェクトの社会性（時代性）

社会的な存在である企業や自治体が行うプロジェクトは基本的に社会的な活動です。社会は、人間が人間らしく協働して生きていくために編み出した場所であり、そのありようを人類は前進したり後退したりしながら少しずつ改良してきました。

かつては社会の運営方法は地域や風土などによって異なり、地球上に多様な社会運営のありようがありましたけれども、象徴的にはアメリカの独立戦争やフランス革命や産業革命以降、多くの国々が近代国家モデルとしての立憲議会制民主主義に基づく国家運営制度や仕組みを採用しています。

具体的には、法律などの国家という社会を運営していくためのルールを定める主権者は国民であるとし、国民が目指すありようを定めた憲法に基づき、選挙で選ばれた国会議員が国民の代表者としてルールをつくり、国民や法人や行政機構はそのルールを守り、また国民や法人は社会を運営する費用として税金を払うという仕組みです。

企業も自治体もそのルールのもとにありますし、それらが起こすプロジェクトも当然のことながらルールを遵守している必要があります。ここで重要なのは、同じ憲法を有していても、現実的にはその解釈や理解の仕方によってさまざまなルールの解釈やその運用があり得るということです。

幸い日本は、第二次世界大戦によって蒙った悲惨とそれを招いた愚かな政府の暴走を二度と繰り返さないために、軍事力と交戦権を放棄し、軍事力に費やしてきたお金を含めて国民の税金を、国民の健康で文化的な暮らしを増進し、それを担保するものとしての平和で平等で自由な社会をつくる、そのために全ての公務員は国民の福利のために働く、という極めて先進的な憲法を有していますから、その理念を活かせば、とても暮らしやすい人間性に富んだ社会ができるはずです。

しかしながら日本の法律や条例は必ずしもその理念に沿ったものばかりではありません。中には戦前の大日本帝国憲法下でつくられた法律の内容を引きずっているものもありますし、税制や福祉や教育制度などにも多くの不備や矛盾があります。地方自治体で定める条例なども同じです。

大切なのは社会がより人間的な暮らしを育めるような状態になっているか、制度がその方向を向いているかということであって、こうした法律や条例や慣習に、もし人々の人間的な暮らしを阻害する要素があれば、それは人々の暮らしをより良くするために、無くしたり改良したりする必要があるということです。

法律や条例は具体的には議員が議会でつくったり変えたりするものですけれども、その変化への動機をつくるのは個々人の声や意見や行動です。プロジェクトもその成果によって基本的には同じ働きを為し得ます。

プロジェクトが会社という組織や地域や社会の営みを、より良くする要素を含んでいればいるほど、その成果は社会からより受け入れられます。またその要素を社会にもたらしたプロジェクトとして喜ばれます。つまりプロジェクトを取り巻く環境をより良い方へと変化させる力を持ち得ます。逆に人々の営みを阻害するようでは受け入れられません。言い換えれば、プロジェクトの成果には常に社会的な評価がつきまとうということです。

ですからプロジェクトに参加した時に、ヴィジョンアーキテクトがまず考えるべきは、既に述べた二つの事柄に加えて、プロジェクトを取り巻く現実のなかに、今はないけれども、もしかしたら社会をよりよくするために寄与し得るヴィジョナリーな要素がないか、あるいはそれを阻害するような要素が含まれていないかを見定めることです。その現実の把握の確かさがプロジェクトの成否を最終的には分けるからです。

社会的な価値観も時代的な美意識も刻々と変わります。ですからプロジェクトを過去や現時点の状況からだけではなく、より良い変化へのダイナミズムの中で見る必要があるということです。

四つの重要基本条件 その4　プロジェクトの人間性

すべてのプロジェクトは、突き詰めれば人々の暮らしをより良くするためにこそ行われるものですから、社会性と同時に常に人間性が問われます。

ここでいう人間とは、約二十万年前に地球上に登場したといわれている、協働して生きていく場である社会をつくり、世界中に居住域を広げて生活する中で、地域や風土に合った文化を創り出し、それを発展的に継承し人間性を育んできたホモ・サピエンスのことです。

重要なのは、人間は命をつなぐという、あらゆる生命が持っている命題に加え、自らを生み出した地球上にはもともと無かった道具や街などの物や構築物を創り出し、また言葉や音楽や絵や踊りや数学や料理などを編み出し、それらを駆使して多彩な文化を創り、それを享受し継承し、それによって人間的な心を育み、それを広め高めるという文化的な命題を持つ存在だということです。プロジェクトは人間社会をより良くする、ひいては社会生活を営む人々をより人間らしくするための協働作業ですから、ヴィジョナリープロジェクトは人間性に立脚している必要があります。

人間性を育む原資となった人間的な特性には、人が美や知を好むこと、想いを伝達したり共有したり協働したり想像したり創造したりすることを好むことなどがあります。そのような特性を活かして人は人間性を育み社会をつくってきました。

また社会が成立するためにはルールが必要ですが、人間性の発揮には個性の発揮が不可欠です。つまり社会と個々人とは密接につながり合い、他者と共有しうるものを多く有しながらも、同時に誰もが他者とは少しずつ違う何か、あるいは社会と相容れない何かを有していて、そのズレや違和感のようなものが、表現や文化や社会に変化をもたらす大きな要素になっています。

言い方を変えれば、人間の長い歴史において、社会が全ての人にとって十全であったことなど一度もなく、人間は長い営みを通して社会や文化のありようを行きつ戻りつしながら少しずつ変えてきたということです。その活力をもたらしたものが、人間的にかつ個性的により良く生きたいという人間的な願いです。

そういう個々人の願いがもたらすエナジーが集約された成果として、多くの技術的な発明や発見などが積み重ねられ、もっと美しいものやことがあるはずだと考えた人の想像力や美意識や探究心が多様な表現や文化を生み出してきました。社会的な制度についても同じことが言えます。

社会を運営するためのより人間的な方法を求める試行錯誤を繰り返してきた人間は、二百年ほど前に主権在民の仕組みや民主主義という概念やそれに基づく制度などを考え出しました。

これは国という社会のルールは一人ひとりの国民が決めるのだという考え方で、それを実現するものとして議会制民主主義という制度をつくりました。今では多くの国々がそれを採用していますが、この制度も現実とのギャップの中からより人間的な仕組みはないかと人々が模索するなかから生まれたものです。

しかしこの制度も、二百年の歳月が流れ、人々の営みや経済活動の総体が社会のありようも含めて大きく変化するなかで、やや制度疲労を起こしています。それを変えていくのもまた、より人間的に生きていくためにはこうしたほうがいいのではないか、あるいはこのようなことはもう止めたほうがいいのではないかといった、人間性と社会の現実とのズレの自覚から始まります。

ヴィジョナリープロジェクトというのは、あってもいいと思えるのに周りには見当たらない営みや仕組みや実態や構築物や時空間を実現すること、言い換えれば人々の潜在的な願望や想いや、より人間的で自然な方法や仕組みを予見して現実化することですから、そこでのヴィジョンアーキテクトの働きは、人の営みや社会のありようのより良い変化を牽引すること、プロジェクトを通して新たな現実の創出に寄与することです。

基本的な作業 その1　重要基本条件の把握

ヴィジョンアーキテクトとしてプロジェクトに参加した場合に、まず行わなければならないのが、すでに述べたようにプロジェクトを支える地盤ともいうべき重要基本条件、すなわち『事業推進主体《プロジェクト》』『目的（現実）』『社会（時代）性』『人間性』の四つの重要基本条件を把握することです。つまりクライアントから予算や目的や条件を示されて、それだけを念頭に入れていきなり作業に取りかかったりしてはならないということです。

プロジェクトの成果に社会性や人間性が備わっていなければ、たとえ一時的にプロジェクト推進主体や担当者から喜ばれたとしても、広く長く人々から喜ばれるような形で目的を達成することはできませんし、真の意味で『事業推進主体《プロジェクト》』のパートナーとしての役割を果たすことができません。

ですからまず最初に、プロジェクトを取り巻く現実や関係や歴史などを、四つの重要基本条件を念頭に置きながら、プロジェクトによって実現したいこととの関係の中で総合的かつニュートラルに冷静に把握する必要があります。

プロジェクトを取り巻く現実には常に、その推進にとって好都合な要素や不都合な要素が混在しています。好都合な要素ばかりに注目したのでは、どこかで足をすくわれて「今はないけれども将来的にはあってほしい何か」を創り出すことはできません。好都合な要素もそうでない要素も推進主体と目的を取り巻く現実や関係と共にありますから、どちらも注視しなければなりません。しかも不都合な要素のうちにしばしば飛躍へのヒントが隠されています。

このステージで全体を把握する際に気をつけなくてはならないことは、類似のプロジェクトの成否やプロジェクト推進主体の思惑や願望や判断や、一般的な経済統計や流行や既存のマーケティングなどの近代的な価値観に惑わされることなく、全てを白紙の状態から見つめるということです。

過去の個人的な成功体験や好き嫌いや一般的なデータなどを持ち込むことも条件把握の妨げになります。同じ人間がどこにもいないように、プロジェクトの成立基盤はそれぞれ異なりますから、どんなプロジェクトも唯一無二の、新たに出会う一期一会のプロジェクトだということを肝に銘じて重要基本条件を視ることが重要です。

つまり人間的な感覚、あえて言えば素人のような素直な視点とプロフェッショナルな緻密で総合的な観点の両側から全てを眺めることが必要で、利害や雇用の関係から離れ、人間的な特性を備えた一人の人間として諸要素を見つめることが必要です。

『重要基本条件の把握』は請け負った仕事対象に、経験を含めてそれまで得てきたことのすべてから一旦離れて、いわば無の状態で向き合うための作法です。そして『プロジェクト推進主体』『目的（現実）』『社会性』『人間性』の四つの基本条件が重なり合った場所、そこに潜む可能性こそが、そのプロジェクトが拠って立つべき個有のグラウンドです（43頁の図参照）。

基本的な作業その2　創造的解析《クリエイティヴアナリシス》

プロジェクトを取り巻く様々な要素を把握した後、プロジェクトの目的と照らし合わせて、把握した要素や現実や背景などを創造的な見地から解析し、何を重視すれば良いかを考えます。

このステージで大切なのは、四つのプロジェクトグラウンドが重なり合った場所にある条件や要素のなかで、推進主体や社会性や人間性を豊かにする方向性を持つものは何か、損なう方向性にあるものは何かというシンプルな基準によって条件や要素を判断することです。

人の心を膨らませる要素のなかにこそプロジェクトを成功に導く鍵が秘められていますし、もし人間性や社会性を阻害するものがプロジェクトを取り巻く関係や条件や要素のなかにあることがわかったならば、どうすればそれを取り除けるか、あるいはそれを何らかの方法でポジティヴなものに変化させるにはどうすれば良いかを考えることが重要です。

また推進主体やプロジェクトが対象とする場所や営みの特性や過去の歴史や文化的風土を見つめることも非常に重要です。過去は未来を映し出す鏡だからです。しかし何事においても、あらゆることを把握しきるのは不可能ですから、ある程度の手応え、つまりプロジェクトの核になり得る諸要素が把握できたなら、好都合な要素や不都合な要素やどちらとも判断がつきかねる要素を、まるごと抱え込んで『重要基本条件の把握』から『創造的解析』のステージに進むことが重要です。現実を見つめるだけでは先には進めませんから、いつ次のステージに進むかを判断することもヴィジョンアーキテクトにとって大切な仕事です。

このステージではニュートラルに物事を見ることが大切な『重要基本条件の把握』とは全く異なる視点から全体を見て、そこから目的を果たすために役立つポジティヴポイントや潜在力などの宝物を見つけ出す必要があります。つまりどうすればプロジェクトに未来を切り拓く力を付与することができるかを考える想像力や、把握した要素のなかから可能性を見出す力が大切です。

そうして解析を進めるうちに、はじめ好都合だと思った要素がそうでもないことに、不都合だと感じた要素やどちらとも判断できなかった要素に意外な可能性があることに気づくこともあります。そのためには敢えていくつかの全く異なる視点からプロジェクトを見つめることが不可欠で、ある方向性を追求する中で可能性が見えたと感じたら、今度は違う観点から本当にそれが可能かを考えます。つまりここではプロジェクトがまとうべき人間性や社会性や経済性や妥当性、あるいはプロジェクトに潜在する力を顕在化させる方法の発見などと共に、見出した方向性を一度クールダウンして批判的な目で検証し直すことが重要です。そうしてまた別の視点から同じことを繰り返します。

そこでは時代性、すなわち人々が無意識のうちにも社会に何を求めているかというような視点や、過去の歴史や自然界の生命体に秘められた力や知恵といった視点、さらには人々が現実の何に不満や疎外感を感じているかという視点も重要です。

なぜならこのステージでは、これから展開されるプロジェクトやその成果を利用する人々が、それによって何を得るのか、営みにどのような変化が起こり得るのか、さらには思考の落とし穴のようなものがないかなどを見透す必要があるからです。そうしてあらゆることをイマジネーションによってあらかじめシミュレーションしないと、プロジェクトの成果が社会に喜びとともに自然に受け入れられ、長く生き続ける力を持ち得ませんし、無駄が多くなります。

こうした作業を慎重かつ大胆に繰り返すうちに、プロジェクトに宿し得る生命力のようなものが次第に形を表し始めます。クールダウンした自らの心身がその生命力に確かさを感じるまで作業を繰り返します。

そして、そこで見出した生命力に確信が持てたとき初めて次のステージに進みます。逆に言えば確信が持てて初めて、プロジェクトが推進主体の願いに応え得る最低限の条件を得たということになります。

基本的な作業 その3　プロジェクトデザインと方向性の確認

ここまでのステージでプロジェクトを進めるべき方向性や展開し得る可能性などを把握したのちヴィジョンアーキテクトは、プロジェクトの具体的な姿やスケールや方向性などを、プロジェクトパートナーとして推進主体に説明し確認を得る必要があります。そこにはプロジェクトを展開する場合に必要なチームの構成員や物事の決定や推進の方法や期間や予算なども含まれます。

もし推進主体との間に内容把握の違いがあれば調整を行います。このステージにおける方向性やチーム体制や決定方法やスケールや目的などの確認は極めて重要です。実行のステージに入ってしまってから意見の違いが生じるのは不幸で不効率です。逆に合意を得ることはヴィジョンアーキテクトに対するプロジェクト推進主体の信頼につながり、プロジェクトもより活力を得ることになります。

しかし意見が一致しなかったり、推進主体が望むような成果を、与えられたプロジェクトによってはもたらすことができないと判断した場合は、プロジェクトの中止または変更を進言することも必要です。プロジェクトが不本意な結果になることは推進主体やチームにとって、そしてプロジェクトにとって不幸だからです。

ヴィジョナリープロジェクトにとって重要なのは規模の大小ではありません。大きなコストを要する建築プロジェクトなどはもちろんですが、たとえ規模が小さくてもヴィジョナリープロジェクトは推進主体が新たな何かを求め、費用と労力と時間と期待と自らの信頼や存在をかけて行うものですから失敗は許されません。ですからもし何らかの理由によって目的が達成されないと判断した場合は、速やかにそのことを、どうしてそう判断するかという理由とともに推進主体に説明する必要があります。あるいはプロジェクトの形や概要を改変することによってヴィジョナリープロジェクトになり得るのであれば、どこをどうすれば良いかという提案とともにそのことを進言します。

プロジェクトは一旦スタートしてしまえば通常そのまま進行しますし、途中で止めることには大きな損失が伴います。もちろん目的が達成されなければ意味がありませんから、そのような危険性がある場合にはそれを指摘することもまたヴィジョンアーキテクトの重要な仕事です。

それというのも事業《プロジェクト》推進主体には、ここで述べている『重要基本条件の把握』や『創造的解析』を行わずに、自らの視点や願望、あるいは他者の成功例に刺激されたり直感的なアイデアからプロジェクトを着想したり、既成概念に縛られていたり、願望とリアリティに大きなギャップがあったりして、そもそもの目的を達成するためには別のプロジェクトの方が適しているようなことがしばしばあるからです。その場合にはそのことを進言します。

プロジェクトにリアリティがあるという確信を得た場合には、プロジェクトを成功させる手立てを設計します。具体的には実行チーム編成やプログラムや進行工程の概要を含めて改めて構想します。このステージにおいて必要なのは、関係や事情を超えて全体を冷静かつ創造的に見通す視野や総合的な力、そしてプロジェクトに必要かつ最適な能力を有するチームメンバーや適正な規模を想定する力です。

ヴィジョナリープロジェクトのチーム編成において大切なのは、プロジェクトにとって必要な専門的な能力に長けていることだけではなく、総合的で健全な人間力のある信頼できる人を協働者とすることです。

また必ずしも目的に直接的な関係がなくても、プロジェクトを進めるプロセスの中でプロジェクトのプロセスや成果を膨らませる可能性を秘めた人間力のある人や、何らかのトラブルや障害に突き当たった場合などに動じることなく意外な突破口を見出す総合的な実践力を持つ人がチームには必要です。

さらにどのような局面でも人間的な視点とプロジェクトの意味を見失わないことが必要ですから、自説に過度に執着したり、狭い範囲の関係にこだわったり、視野が狭かったりするような人は、何が起きるかわからないプロジェクトにおいては協働力に欠けたり飛躍力を妨げる危険性があります。つまり臨機応変の創造性に富んだ人によってチームを編成することが重要です。

プロジェクトが進行し始めると、どうしても目の前の事情や関係や課題の処理に忙殺されがちになります。もちろんそれを解決する役割は主にヴィジョンアーキテクト自身が担わなければなりませんが、どんな場合でもヴィジョンアーキテクトの相談相手になれるような人の存在は、しばしばプロジェクトの危機や飛躍を助けます。

なおプロジェクトが企業や自治体の問題点や可能性などを探る経営戦略探求プロジェクトであったり、推進主体の存在やミッションに関わる新規プロジェクトを立ち上げるための準備プロジェクトである場合は、この段階で先に進むかどうか、進むとすればどのようなプロジェクトをどのような規模で展開するかということなどを推進主体と共に検討します。

基本的な作業 その4　ヴィジョンとコンセプトの設計

『プロジェクト設計と方向性の確認』の後、ヴィジョンアーキテクトはプロジェクトに最大限の成果をもたらすために不可欠な『ヴィジョンとコンセプト』を創ります。『ヴィジョン』はプロジェクトの内容と目的を端的に表すと同時に進むべき方向と獲得すべき地平を的確に指し示すための旗印であり、『コンセプト』はそれを的確に実現するための方法です。

ヴィジョナリープロジェクトは推進主体の将来の現実を創り出す仕事ですから、出来るかどうかわからない夢物語のようなものであってはなりません。『重要基本条件の把握』と『創造的解析（クリエイティヴアナリシス）』を踏まえつつ、そこから飛躍的な到達点を見出す必要があります。

つまり『ヴィジョンとコンセプト』は推進主体の現在から未来に向けて、より確かで人間的で社会的意義のあるものへとプロジェクトを飛躍させるための旗印である必要があります。言い換えればヴィジョンは建築で言えば空間全体を象徴する創造的意志のようなもの、コンセプトはそれを支える柱であって、それらが目指す空間や佇まいや営みを包み込んでいなければなりません。『ヴィジョンとコンセプト』はプロジェクトチームの全員が創造的に協働するためのものですから、シンプルで明解なものである必要があります。プロジェクトにはチームメンバー以外にも多くの人が関わりますから、その人たちとも目的を共有できるよう、また誤解による混乱を極力生じさせないためにもわかりやすく、かつ発展性につながる広がり感を感じさせるものでなくてはなりません。

ヴィジョナリープロジェクトの遂行にとって最も重要なことは、そのプロジェクトによって何を実現するかという優先順位です。それが明確でなかったり進行の途中で揺らいだりすれば目的が達成出来ません。このステージにおいてはその優先順位を定めます。もちろんヴィジョンには最優先事項が端的に表現されていることが重要です。

もちろん『ヴィジョンとコンセプト』を将来の成果と触れ合う人にまで伝えたり理解してもらう必要はありません。なぜならそれはプロジェクトの成果として社会のなかに現実化され、それと触れ合う人々が心身でその新しさを自然に、あるいは感動と共に感受するものでなければならないからです。

このステージはヴィジョンアーキテクトにとって正念場ともいうべき働きが要求されるステージです。ここにおいて必要な力は、ヴィジョンを生み出す自由な構想力や冷静な演繹力や分析力、そしてヴィジョンを支えるコンセプトを編み出す課題解決力、そして『ヴィジョンとコンセプト』をプロジェクトの遂行に関わるあらゆる人に、時には表現方法を変えて説明する表現力です。


言い換えれば、ここで創り出す『ヴィジョンとコンセプト』は、プロジェクトに関するあらゆる疑問に対する明解な答えやその理由などにつながっている必要があります。つまりこの段階でもし答えられないようなことや曖昧なことがあるとすれば、その『ヴィジョンとコンセプト』はまだ未完成、あるいはどこかに不備を抱え込んでいて、プロジェクトがどこかで破綻をきたす危険性があります。あるいは、アクシデントがつきもののプロジェクトに、それを乗り超えるに十分な力がまだ備わっていないということです。

つまりヴィジョンアーキテクトはこのステージでの『ヴィジョンとコンセプト』を創り出す作業の中で何度も、願望にすがったりなどせずどこかに欠点がないかをあらゆる角度から自らに問う必要があります。その結果として確信に至らなければ、プロジェクトの旗印としての『ヴィジョンとコンセプト』を掲げてはならないということです。

どこかに盲点や欠点がないか、より飛躍的な問題解決方法がないかなどを考える際に有効なのは、このような仕事を重ねるうちに身につけたシミュレーション力を駆使して抽象度の高い、つまり射程領域の広い観点からプロジェクトを見つめると同時に、極めて具体的な、たとえばプロジェクトの成果を人々がどう感じるだろうかという観点から見つめることです。

観点を変えて物事を観るというのは一種の訓練ですから、それを続けるうちに新たな観点やアプローチを見つけるスピードやそれを判断するスピードは訓練を重ねていくうちに次第に早くなりますし、バラエティに富んだ視点を想定することができるようになります。

またこのステージでは、何を達成することがプロジェクトにとって重要なのか、それをどのような方法によって達成するのかということを示すステージですから、ヴィジョンの表現では必ずしもディテールにこだわる必要はありません。というよりヴィジョンは、そこからチームメンバーがそれをヒントにしてさまざまな発想やアイデアを生み出し得るような、心にダイレクトに届くようなものがふさわしく、逆にコンセプトはヴィジョンをどうすれば実現できるかを表すものですから現実性と明解な具体性が必要です。

それと同時に、プロジェクトが終了したのち、あるいはプロジェクトが現実的に稼働し始めたとき、そこでどのような営みがどのように行われるかという運営上のシミュレーションがこのステージまでの段階でなされている必要があります。

基本的な作業 その5　マスタープランの創造

このステージでは、これまでのステージを踏まえ、『ヴィジョンとコンセプト設計』に基づいて、プロジェクトに最適なチームメンバーとして選んだ協働者と共に『マスタープラン』を設計します。

マスタープランは、建築プロジェクトであれば空間のありようや目指すところが描き表されている必要がありますし、新たな営みを実態化するプロジェクトであれば、そのためのプログラムや、それをなぜどのように実行するかに関して必要不可欠なことが的確に表現されていなくてはなりません。

それに加えてマスタープランはそれまでのステージでの成果を融合させた強靭で美しい『結晶』である必要があります。すなわちそれを見た時に、こんなものやこんなことができたら素晴らしいなとチームが感じることが重要です。わくわく感や安らぎや憧れはプロジェクトの創造性の発揮や活力にポジティヴな働きをするからです。

したがってこのステージでは、理解力や想像力や構想力や優先順位の把握力や課題解決力や解決方法を見つけるまで作業を続ける持続力や情熱《パッション》などが必要ですけれども、それにも増してマスタープランを飛躍的なレベルで実現させる創造力とそれを的確に美しく表す表現力が必要です。

ちなみにここまで紹介したステージは、そこでの役割や働きや協働者やそこで用いる表現言語が異なりますから、それぞれのステージの成果を次のステージに有効に繋げるための意味やそのための言語の変換、つまり一種の翻訳作業とコミュニケーションが必要です。つまりヴィジョンアーキテクトは、それぞれのステージにおいてチームに伝わり易い表現方法を工夫することが必要です。そのためのコミュニケーションツールや各ステージの成果を表現した簡潔で明快なドキュメントも極めて重要です。

これらはプロジェクトに関わる人たちが目的や意志や意義や価値観を共有するために必要ですし、さらになんらかの理由でプロジェクトが変更や中止を余儀なくされる事態に陥った際に、どこに問題があったか、あるいはどの可能性を見落としていたか、さらにはどうすれば状況を突破できるかを考える際の重要な判断基準になるからです。

通常のプロジェクトではこのステージの後、より詳細な設計図やプログラムが描かれることになりますが、この段階で重要なのは、必ずしもそのディテールではなく、建築などの空間創造的なことであれば、ヴィジョンとコンセプトを体現した全体像や空間構成や実現方法などであり、それ以外のプロジェクトでは、ヴィジョンとコンセプトに基づいてどのようなプログラムをどのように展開するかをわかりやすく表すということです。

ディテールに関しては次のステージで細かく設計しますから、ここではむしろ、チームメンバーのクリエイティビティを自ずと触発《インスパイア》するような、また実現のためのさまざまなアイデアや方法を喚起するものであることが大切です。ただしプロジェクトの根幹に関わるような最も重要な点に関しては、それが現実的に可能であるという確証と共に具体的に表現することが重要です。

どんなプロジェクトでもそうですけれども、スタート時点では無限の可能性があるように見えたとしても、最終的にはたった一つの結果しか残せません。つまりあり得たかもしれない無数の可能性を捨ててたった一つの結果を創り上げるのですから、それは捨てたすべての可能性を凌駕すると確信できるものでなくてはなりません。

また当初は、そんなことはとてもできないと感じる夢物語のようなプロジェクトに見えたとしても、ここまでのステージの積み重ねによって可能であることが示せれば、それは確信につながりますから、それに向かってチームのエナジーを結集させることができます。

ヴィジョナリープロジェクトはそれぞれ目的も規模も関係も関わる人も対象領域もプロジェクトごとに異なります。またプロジェクトは推進主体が企業であれ自治体であれ個人であれ、突き詰めればプロジェクトを担う人たちが、ヴィジョンアーキテクトを信頼して、自分たちのための働きをしてくれるはずだと見込んで依頼してくれるのですから、その人たちの言葉や表情や仕草やその背後にあるものの一つひとつを見逃さないように見つめる必要があります。

つまり一期一会の縁としてプロジェクトを愛し、可能性を見出し、その人たちが喜ぶ結果をプロジェクトパートナーとしてもたらすことがヴィジョンアーキテクトの務めです。

基本的な作業 その6　プロジェクトの詳細設計

このステージではマスタープランで描かれたことを実現するための詳細を設計します。建築空間創造の場合は、構造設計や設備設計や照明や家具を含めた実施設計図面や空間概要説明書や工程表や仕上表などの作成がここでの作業に該当します。建築の場合は建築を実際に施工するのはいわゆる建設会社《ゼネコン》やその下請の施工会社であることが多く、鉄骨やサッシュなどの資材も製作会社に発注して工場でつくられ現場で組み上げますから、図面はその通りに製作し施工すれば目的の建築ができるように詳細に設計がなされなくてはなりません。

建築は無数の部材を組み合わせて創り上げられますし、材料や各種機器なども、既成のものもありますがプロジェクトに応じて新たにつくらなければならないものもあり、ヴィジョンアーキテクトは、推進主体のパートナーとして、共に創り上げてきたヴィジョンやコンセプトやマスタープランが十二分にディテールに反映されるよう、またそこで想い描き育んできた建築の個性が細部にまでいきわたるよう注視しなければなりません。言い換えればその建築に個有のDNAのようなものを細部にまで宿らせることがヴィジョンアーキテクトの役割です。

建築空間創造以外のプロジェクトも基本的には同じで、人材教育や経営戦略構想や新規事業構想などのプロジェクトの場合は、実行プログラムが成果にダイレクトにつながりますから、どのような個別テーマをどのようにヴィジョンやコンセプトやマスタープランのもとに組み上げるか、それを具体的にはどのような人と共に遂行するかということが大切です。

それにはチームメンバーやゲストメンバーの選び方、そしてそれをどのようにディレクションし展開するかが極めて重要になります。そこではこれまでのステージで積み上げてきたドキュメントやインフォメーションツールが重要な働きをします。たとえば講師として招聘された人たちもそれによって、どこを向いてなんのためにどのようなことを模索すれば良いかが明瞭になるからです。

基本的な作業 その7　プロジェクトの目的の実現

このステージにおけるヴィジョンアーキテクトの仕事は、練り上げてきた詳細設計やプログラムの実行をディレクションし目的を実現して成果を創出することです。ヴィジョナリープロジェクトにおけるディレクションというのは、単にマスタープランや詳細設計やプログラム通りにプロジェクトが進行するのを見守るだけではなく、それまでのステージで蓄積してきたことを常に振り返りつつ、プロジェクトの総体やディテールがヴィジョンとコンセプトとマスタープランから外れることのないように、あるいはさらに良くなるようにすることです。

どんなプロジェクトもチームが多くの人を巻き込みながら行いますし、そこでは材料や道具や予算や人員や時間などを含めた諸々の現実的な諸条件の拘束と共に、プロジェクトを取り巻く他者との関係やアクシデントなどがあります。予測しなかったようなことや病気などを含めたトラブル、さらには何かを急遽変更せざるを得ないような事態などが常に発生します。

もちろんそのようなことをあらかじめ想定するリスクマネージメントも必要ですが、それよりもそのような事態に対して、プロジェクト本来の目的や方向性を見失わないように、そこからブレることなく事態を乗り超えることが重要です。

そこで必要な力はスピーディで臨機応変な現場対応力であり、あらゆる選択肢を想定する想像力であり、そこから最善の解決方法を見出す創造力であり、それを実行する決断力です。つまりヴィジョナリープロジェクトというのは常に臨戦状態にあるものだと覚悟することが必要であり、そうしてプロジェクトを遂行すれば、それまでにはなかったような新たなことが実現できるという信念を最後まで持ち続けることです。

ここまでヴィジョナリープロジェクトを遂行する際の、求められる作業内容が異なる七つのステージについて述べてきました。どうしてそんな複雑なプロセスを踏むのかと思われる方がいるかもしれませんが、これはその方が結果的に効率的で、しかもステージごとに視点を変え確認を重ねて進むために失敗する危険性が少ないからです。

あらゆるプロジェクトにおいて言えることですが、単なる思いつきや、どこかで成功したように見えるプロジェクトにヒントを得て、条件の違いなどを考慮せずにいきなりプロジェクトをスタートさせてしまうことほど危険なことはありません。

しかし実際にはそのようなプロジェクトは見渡せばたくさんあり、しかもそれらは、企業の社長や自治体の首長や行政の長などの、部下に指示をすることによって物事を動かす立場にある人からの発案でいきなり動き始めてしまうことがしばしばあります。当然のことながらそれではまともなプロジェクトにはなりません。

プロジェクトは、とりわけヴィジョナリープロジェクトは、地に足をつけて、また目的をしっかり見つめて、そこに至るさまざまな道筋を検証しながら遂行しなければなりません。中断や後戻りややり直しは極めて大きな損失を伴います。つまり、ここで述べてきた方法やプロセスは、目的を最大限に実現させると同時に、プロジェクトを失敗させないためには最低限、何をしなければならないかを示したものにほかなりません。

これからは近代的な方法やシステムやその限界を超えて、より人間的で文化的で成熟した社会に向けて行うプロジェクトの重要性が増しますし、そこでは人間的で社会的な多様な視点と総合的判断、つまりヴィジョンアーキテクト的な視点やアプローチが必ず必要になります。そうしなければ社会が、機能や利潤や効率ばかりに振り回される、あるいはマスのなかに個々人の多様性が埋もれてしまうような、窮屈で生きづらいものになってしまう危険性があるからです。

近代のように大きな思想や理論や普遍性や統計的な数字の中で個を扱うのではなく、多様な個性の中にこそ新たな社会的可能性が秘められていると考え、個々のプロジェクトをそれぞれ唯一無二の出会いと考え、それに愛情を持って寄り添うことがこれからは必要です。

建築であれ都市計画であれ地域再生であれどんなプロジェクトであれ、新たな何かを社会化するには、関係者《チーム》の働きの全体を牽引するヴィジョンと実現への手順《プロセス》が共有されなければなりません。また協働すればそれを現実化できるはずだという、多様な観点から見て得るに至った確信と、それを裏付ける現実的な根拠《コンセプト》と方法と展望《リアリティ》と内容《プログラム》などをチームが共有しなければなりません。『ヴィジョンアーキテクト』の役割というのはそれらを共に創り出し、全体のプロセスを牽引することにあります。

大切なことは、全ては一期一会であり、どんなプロジェクトも一つとして同じではないということです。近代にもてはやされた大きな組織や機構やメカニズムや統計や既存の手法を前提とするのではなく、その対極にあるとも言えるような人間性や個有性に立脚した、今はないかもしれないけれどもあってもいいと思える何かを構想して社会化する、そう考えて初めて、ヴィジョナリープロジェクトの生命力のありようが見えてくるはずだと信じています。

私にとっての過去のヴィジョンアーキテクトと　その人たちが成したこと

ヴィジョンアーキテクトの働きのありようを知ってもらうために、私がどのような人をヴィジョンアーキテクトだと考えているか、その人がどういうことを成したかについて例を挙げて述べてみようと思います。もちろんその人たちがヴィジョンアーキテクトと呼ばれていたわけではありませんが、私なりの視点からその人たちの功績を述べることで、ヴィジョンアーキテクトの働きのさまざまなありようがわかると思うからです。

分かりやすくするために比較的よく知られた人たちを紹介しますが、私はヴィジョンアーキテクトというのは、社会のなかにそれまではなかった新たなことを実現して、喜びや楽しみや美しさなどの人間の心を豊かにする働きをする人だと思っていますので、そういう意味では、様々な技術や方法の創造や多様な文化の蓄積に貢献した名もない人々が過去には無数に存在しましたし、今もどこかでそのような仕事をしている人が多くいると考えています。

人間にとっての社会の役割というのは、人々が人間らしく生きていけるようにすることです。具体的には、誰もが平穏に飢えることなく健やかに喜びと共に生きていけるようにすること、そしてより人間らしく生きていくための手段や場所や可能性を常に促進することです。突き詰めれば最重要事項は命と、生活全般やそのありようを含む広い意味での文化、それらが織りなす安心やときめきや感動、そしてそれを育む社会です。

私たちの身の回りを見れば、何百年も前につくられた橋や堤防や建築や祭りや楽器や発酵食品や地方の名物料理やお菓子や工芸品や歌などがあります。それらは私たちの生活に欠かせないものであったり暮らしを豊かにしてくれたりします。そしてそれらにはみな、それを最初につくった人（たち）がいます。

自然と違い文化的なものや社会的なものは、いつかどこかで人の手によって創られたものです。その人の名前が伝えられているものもあれば、もう誰が創ったかわからないものも多くあります。けれどもそれらはみな、ヴィジョンを思い描き、それを現実化する方法を考え、工夫を重ねて自らが努力し、あるいは人の手や知恵をかりて実現するというヴィジョンアーキテクト的な働きがあったからこそ生まれ伝えられ、人々の命を救いあるいは輝かせ、人々に喜びや楽しみや誇りを付与してきたということです。そのような働きをいくつかご紹介します。

スペインのアルタミラの洞窟に最初に絵を描いた人

スペインの『アルタミラの洞窟』には壁や天井に牡牛などの絵が描かれています。絵は洞窟の凹凸なども利用して立体的に描かれていて、見る者を空間が包み込みます。その働きによってその洞窟は、そこを利用した人たちにとって、彼らのためだけの特別な場所となりました。

これはその近辺に多くある自然の洞窟を利用していた人たちの中に、絵を描くことによって、特定の洞窟を自分たちのための特別な場所にすることができるのではないかというヴィジョンを思い描き、それを木を燃やしてできた炭や、赤い色の岩を砕いて粉にしたものなどで絵に描くことで実現できると考え、それを実行した人たちがいたことを表しています。つまりはそこには場所を、そしてそこでの営みや意味を変化させる画期的な働きがありました。

三内丸山の六本柱の構築物を構想し実現した人たち

青森県の『三内丸山遺跡』は、縄文時代にすでに定住する人たちの集落があり、そこには巨大な六本の柱を用いた高い構築物があったことを示しています。復元されたその構築物を見れば、集落に住む人たちの中に、普段の生活のための住居ではなく集落全体のための、そして集落を象徴するものとして集落のどこからも見える、天に向かってそびえる構築物のヴィジョンを想い描き、そのヴィジョンを他者と共有し協働してそれを実現させた人たちがいたことを表しています。

それは見張り塔のような現実的な機能も備えてはいたでしょうが、その佇まいを見ればその構築物が、例えば集落の結束や力強さなどの象徴、つまり人々の心の支えのようなものであり、大変な労力と時間を要するその構築物が集落にとって重要な働きをするはずだと信じた人々の存在と働きが感じられます。再現されたその構築物を見れば現代の私たちでさえ感動するのですから、日々それを目にしていた当時の人々にとっての存在感は特別なものだっただろうと思われます。

ハトシェプスト女王葬祭殿を構想し建造した人たち

エジプトのツターンカーメンの墓のあるルクソールには、岩山の傾斜を利用して建造された壮麗な『ハトシェプスト女王葬祭殿』があります。それは、もともとは何もなかった岩山を見て、その麓の傾斜を利用すれば、他に類を見ない、岩山と一体になった壮麗で悠久の時と共に存在し続ける宮殿が創れるはずだというヴィジョンを描き、重い岩を積み上げるのではなく岩山を掘り出すというコンセプトによって作業を軽減してそれを実現できるはずだと考え、そのことを王などに説明し、許可を得て無数の人々を指揮して実現させた人がいたことを表しています。

重力に逆らって石を積み上げるのではなく、重力に耐えてそびえ続ける岩山の存在力を利用するというコンセプトは、ヨルダンのペトラ遺跡もそうですけれども、目に見える景色の向こうに、今はそこにはないけれどもやりようによってはありうる何かを見て、それを実現させようとしたヴィジョンアーキテクトの面目が躍如としています。

ラ・アランブラ宮殿を創った人たち

スペインのグラナダの丘の上にある『ラ・アランブラ（通称アルハンブラ宮殿）』は、無数のヴィジョンアーキテクトの働きの結晶です。丘の上に華麗かつ瀟洒な建築があり、細い列柱に囲まれたパティオ（中庭）には噴水が涼しげな音とともに光輝く水滴を優しく吹きあげ、凛とした建築の中に生命的な時空間を演出しています。

隣には緑豊かな庭があり、アンダルシアの強い日差しから護られた回廊に佇めば、優しく吹き過ぎる風が心地良く、この場所がイスラム教の経典のクルアーンに描かれた天国のような時空間を地上に現出させるというヴィジョンの賜物であったことがひしひしと感じられます。

そのヴィジョンを最初に想い描き実行に移したのは、おそらくはスルタンやその側近であったでしょう。しかし『ラ・アランブラ』は長い年月をかけてつくられていますから、時を超えてそのヴィジョンを受け継いだ人々、そしてヴィジョンを共有して柱や床や壁や天井の細工や模様をコツコツと組み上げた無数の職人もまたその存在に大きく寄与しました。その精緻な働きがなければ空間的ヴィジョンとディテールが一体となった『ラ・アランブラ』の美は存在し得ないからです。

またイスラム教徒の叡智と美意識の結晶だった『ラ・アランブラ』をキリスト教徒との戦いに敗れて明け渡した後も、それを壊さずに遺そうとした人たちの働きがなければ、あの美しい建築を私たちが見ることはありませんでした。

人々に感動を与える過去に創られた美しい何かを、護り遺し後世に手渡すこともまた貴重な働きです。水上都市ベネツィアもそうですけれども、それらはヴィジョンとそれを共有する人々の意志の賜物であり、その美を自らの誇りとする人々がいなければ存続しえません。

『神曲』を書いたダンテ

一三二一年に亡くなったダンテは、フィレンツェの指導者の一人でもありましたが、政敵に敗れてフィレンツェを追放され、漂白の旅の中で書き続けた『神曲』が完成したのは死の直前ですから、この作品がもたらしたものをダンテ自身が見ることはありませんでした。

しかしこの作品は中世の窮屈なキリスト教的な価値観から脱して、人間にとっては愛や哀しみや美や希望や知性や確かさを信じることなどこそが大切なのだというヴィジョンを、地獄と煉獄と天国を旅するという壮大なドラマとして描きました。ダンテの『神曲』は、善悪という旧約聖書的な価値観と、ギリシャ・ローマ的な美意識や自由で豊穣な物語性を融合させて、ルネサンスという人類史的な文化ムーヴメントを喚起する働きをしました。

この作品は多くの表現者に多大な影響を与え続けています。たとえば三〇〇年後に『失楽園』を書いたイギリスのジョン・ミルトンは、天界に住む大天使でありながら神に反逆し、天界を二分する大戦争を起こして地獄に落とされたルチフェルを主人公にした作品によって、『善悪』や、神との約束を破ったことによって人間が背負うことになった『原罪』のありようを問うています。ダンテが描いたイメージは度々映画などにも用いられています。いつの時代でもその時代にはない価値観や世界観の可能性を提示し、それにリアリティを付与することは極めて重要な働きです。

幻想の確かさを描いたセルバンテスとシェークスピア

文学によってヴィジョンを示して後世に大きな影響を与えた作家はほかにもたくさんいます。たとえば『ドン・キホーテ』を書いたミゲル・セルバンテスや多くの戯曲を書いたウィリアム・シェークスピアは、人間にとって幻想や妄想や夢想は時に現実よりも強く人を左右するということを、つまり人間は現実と幻想の狭間で生きる不思議な存在だということを作品を通して提示しました。

これは人間性やリアリティや真実や普遍性を追求したルネサンスを経て、もう一つの人間的現実としての個々人のイマージジナティヴな世界のリアリティの確かさを表現し始めたいわゆる『バロック』の時代の新たな時空間表現の可能性、つまり人は誰もが心の中に秘める個有の幻想と共に現実の中を生きるのだということを、対話という仕掛《コンセプト》あるいは方法によって面白おかしくあるいは哀しく浮き彫りにするという働きをしました。対話というのは二つの真実のぶつかり合いや対峙、あるいはセッションですから、いかにもバロック的です。

普段は目に見えない力の存在を示したガリレオ・ガリレイ

同じバロックの時代を生きたガリレオ・ガリレイもまたセルバンテスとは別のアプローチによって「もう一つの確かさ」の存在を提示してみせました。彼のヴィジョンは、眼に映ることや人々がイメージ的に思い込んでいることの向こうに、そうではない物理的な確かさがあるというもので、そのことを彼は実験や観察という物理科学的な方法によって示しました。

地球上で暮らす私たちの誰もが普段見ている、陽が昇り陽が沈むという現象を彼は望遠鏡による観察から、それは実は動かない太陽の周りを地球が規則的に回っていることによって起きていて、太陽が動いているように見えているのは錯覚に過ぎないのだとする考えを導き出して唱えました。いわゆる『地動説』です。

その説を教会から翻すように迫られて、「それでも地球は回っている」と言ったという伝説がありますけれども、ほかにも彼はピサの斜塔から大きさの異なる二つの同じ材質の金属球を落とす実験をして、大きくて重い金属球の方が早く落ちるはずと感覚的に思う人々に、そうではないことを示したりなどしています。

こうした眼に見えていることや感じていることの向こうにある「もう一つの確かさ」は人々の世界観を揺るがせ、そうではない確かさの世界への探求を牽引する力を持ちました。物が上から下に落ちるという当たり前の景色の向こうに、引力という力が働いていることを示したニュートンもまた同じような意味で歴史的な働きをしました。

ディエゴ・ベラスケス

絵画は長い間、主に宗教的な意味づけや王侯貴族の権威づけなどのために描かれていましたけれども、そのような関係性や意味性から絵画を解き放ち、絵画とは描かれた絵と人間の目や認識回路とが織りなす視覚的遊戯だということを、リアルな絵の向こうにそれとなく描き込んでベラスケスは絵画を飛躍させました。

このベラスケスのヴィジョンと、それを『ラス・メニーナス』に象徴されるヴィジョナリーな作品に表す技量と働きがなければ、「絵は絵に過ぎない」と言い放ち、自信に満ちた自由さでさまざまなスタイルであらゆるものを描きまくったピカソの存在もなかったかもしれません。ピカソはベラスケスのヴィジョンの継承者です。『ラス・メニーナス』をめぐる五八点もの連作を描いているのも、心の師匠に対する敬意の表れでしょう。

誰もが詩人になれる方法を編み出した松尾芭蕉

芭蕉は和歌という日本古来の優れた詩の形式をより普遍性のあるものにできないかというヴィジョンを抱き、それを俳句という、たった十七音の日本語の音の組み合わせによる世界で最も短い詩の形式によって実現しました。

芭蕉は、枕詞や先人の歌などへの知識が暗黙のうちに要求される和歌から、一語で一つの音節を使ってしまう枕詞や過度な修飾や複雑な技法に頼らず、ある程度の基本ルールを身につけ、最も重要な日本語の音色とリズムと間《ま》を最大限に活かしさえすれば、誰もが一瞬の場面《シーン》のうちに、人の心や永遠を表現できることを証明しました。

また芭蕉はそのシンプルな形式によって、人と人、人と自然や歴史との触れ合いのなかに見出しうる美や永遠や想いや感動などの、人が人であるために必要不可欠な人間的な感情や感覚を端的に表現し、武士や商人や農民や職人などのカテゴリーを超えたところに人間的な生き方やそれを活かす美の世界があり、俳句の形式を用いれば誰もが詩人になりうるという、世界に類のないヴィジョンと方法《コンセプト》を確立したことにおいて極めて優れた画期的な働きをしました。

不特定多数を顧客に想定して絵を描いたフランシスコ・デ・ゴヤ

長い下積みを経て宮廷画家にまで上り詰めたゴヤは、隣国におけるフランス革命に触発されて、これからは民衆という不特定多数を顧客に想定して絵を描く画家というものが存在しうるのではないかというヴィジョンを思い描き、それをマスプリントメディアである版画を用いて成立させようとしました。

それまで絵というものは、王侯貴族や富裕者や教会から画家が依頼されて描くものでした。しかしそれではどうしても絵の内容が発注者の存在や要望に大きく影響されてしまいますし、テーマも限定されてしまいます。

そこでゴヤが考えたのは、自分が絵のテーマになりうると考えることを自由に誰からも束縛されずに描く方法はないかということでした。これはまるで現代のアーティストのような、時代を大きく飛び越えたヴィジョンで、実際には王侯貴族や聖職者を風刺して発売中止を余儀なくされた『ロス・カプリチョス』や、発表の機会はおろか、ゴヤがなくなるまでその存在さえ知られていなかった、戦争の愚かさや悲惨さを直視した『戦争の悲惨』など、ゴヤのヴィジョンが社会的に実を結ぶことはありませんでしたが、不特定多数のなかの特定の共感者に向かって描くという、新たな時代の新たな画家の可能性を求めたことにおいてゴヤは果敢でした。

ヴィジュアル時代を先駆けたギュスターヴ・ドレ

ギュスターヴ・ドレは、古典文学の世界を視覚的に物語ることができないかというヴィジョンを描き、木口木版画の精緻な表現を駆使して描いた大量の場面《シーン》を連続させる方法を編み出し、漫画や映画を先駆けました。

彼は油絵も描きましたし彫刻も創りましたが、オペレッタが好きでロッシーニとも親しく、自らもバイオリンを上手に弾きこなしたドレの心には冥界巡りをしたダンテの旅などが映画のように映し出されていたのでしょう。

またドレは、当時人気を集め始めていた写真では撮影することができない世界、すなわち『神曲』や『聖書』や『ドン・キホーテ』などの幻想的な世界をリアルに描くことで文学作品に新たな魅力を付与しましたし、『ロンドン巡礼』では逆に、産業革命を経て世界最初の近代都市となったロンドンの繁栄と貧困を、ドキュメンタリー的に、まさしく言葉よりも饒舌に描きました。つまりドレは言葉が表現できる意味や価値とは違う確かさを視覚を駆使して描いて視覚表現の可能性を大きく広げました。

社会の価値観を変えた多くの思想家や哲学者たち

ドレと同じ頃にロンドンに亡命していて、ドレと同じ年に亡くなったカール・マルクスもまた、近代の産業化社会がもたらす貧富の格差などの社会的矛盾に目を留め、『資本論（資本、政治的な経済に関する一つの批判）』を著して、資本主義社会の労働価値と貨幣価値の問題を追及し、搾取や格差のない社会を想い描きました。

その過程の中で貴族階級や富裕層などに対抗しそれらによって構成される既存の権力構造に対抗してそれを超える力としての共産党という概念を打ち出し、そのヴィジョンをベースにしてソビエト連邦という国家が樹立されるほどの大きな社会的影響をもたらしました。

こうした『思想』や『哲学』もまた、言葉で考え言葉で世界観や価値観の多くを自らの内につくる人間に大きな影響を与えます。ギリシャの時代にすでに個と社会と権威と言葉との関係などを思考していたソクラテスや、人間はもともと平等な存在であり既存の価値にとらわれない自由な意志を持つ個々人がダイレクトに国家運営に関与することで新たな国家が構築できるはずだと考え、フランス革命を支える精神を触発したジャン＝ジャック・ルソーなども社会の「将来あるべき姿」を描き、それを支える社会の仕組みの構想《コンセプト》を提示したヴィジョンアーキテクトでした。

モデルニスモの時代のバルセロナの建築家たち

産業革命をいち早く取り入れ、それを手工業と融合させて急激に繁栄した十九世紀の半ばから二十世紀の初めのバルセロナに興隆したモデルニスモという文化・新都市創造運動もまた、歴史的な時空間創造者たちを輩出しました。

まず『ウルバニスモ』という独自の都市計画理論を構築したイルデフォンソ・セルダは、繁栄によって手狭になり大拡張の必要が生じたバルセロナに対して画期的なヴィジョナリー計画を導入しました。

ヨーロッパの都市は一般的に中心性を持っていて、多くの大都市は教会などを中心に同心円的に拡大してきました。近代の都市計画者たちの多くも、その歴史を踏まえて中心部に行政機関や金融などの重要な国家運営機能を集中して外郭に住居地域などを配する方法をとりました。

これは教会を中心に町が発展してきたヨーロッパモデルの基本的な形です。しかしこれは都市の規模がそれほど大きくない場合や規模があまり変化しない場合により有効なモデルであって、常に拡大を指向する近代都市のように規模が拡大し続けた場合には次第に機能不全に陥ります。

ところがセルダのプランは一一三メートル四方の真四角の街区の周りに二〇メートルの道路をはり巡らせて、それを連続させた碁盤の目のようなグリッドプランで、店舗や住宅を擁する建築は、一つひとつの街区の外周に、中心部に設けられた四角い中庭《パティオ》を取り囲むように建てられます。つまりそれぞれの街区に建ち並ぶ建築はどれも平等に道路と中庭（緑地）という二つの異なる要素に面していることになります。

また二五街区ごとに学校、一〇〇街区ごとに市場、四〇〇街区ごとに病院を配するというコンセプトを持つ、人々の生活圏としての街の総合的な機能を重視したプランで、それぞれの街区が平等な都市的利便性を有しています。

これは近代の中央集権的な政治や経済を重視したゾーニングの対極にある考え方で、街の住民の誰もが同じような利便性とスペイン的なパティオとの触れ合いができることを夢見たセルダのヴィジョンの表れであり、あらかじめスケールを設定し、それを埋め尽くす計画を行う近代的な都市計画とは全く異なる、どこまでも街単位で増殖していくことを可能にする画期的なプランでした。これによってバルセロナのモデルニスモの時代の裕福な建築主たちは優秀な建築家や職人たちを登用して、それぞれが自らの建築の美しさを競い合うムーブメントが生まれました。

現在のバルセロナの個性的な街並みの美しさと機能性はこのセルダの都市計画とそれを推進したバルセロナ市の未来を創造するための斬新な働きの賜物であり、これによって、道路に面した建築の多様なファサードを持つ街区が次々に増殖し、それが建築の表現競争を生み出しました。つまりセルダのプランはガウディやドメニク・イ・ムンタネーなどの多くの天才建築家たちを輩出させる都市的社会基盤《インフラストラクチャー》、つまり創造性を触発する舞台の役割を果たしました。有名なサグラダファミリアもまたそうして創り出された新市街にそびえています。この文化的ムーヴメントの成果がいま、多くの観光客を魅了するバルセロナの最大の文化資本になっています。

そのようなバルセロナを舞台にして活躍したガウディもまた、快適性と美しさと機能を重視しつつ「都市における自然」、「都市における景観」という今日的な課題を、『カサ・ミラ』や『グエル公園』や『グエル邸』や『サグラダ・ファミリア』などの建築において追求し、それぞれにふさわしいコンセプトを編み出しました。

また一九七〇年代以降、世界を舞台にそれぞれの場所の文化を生かした建築を創り出してきたリカルド・ボフィルもまたバルセロナの街の創造的遺伝子の継承者です。

近代の均一的な住居プランを持つ集合住宅の概念を破った『ウォールデン7』、「貧乏な人たちこそ御殿のような家に住むべきだ」という彼のヴィジョンを、工場生産した多様なプレキャストコンクリート部材を組み合わせることによってローコストで実現した『アブラクサス』などのフランスの低所得者向け集合住宅群、それまで閉鎖的だった空港の概念を一新させた『バルセロナ空港』、「バルセロナ市民のために海を取り戻す」というヴィジョンによって荒れ果てていた港周辺を一変させた『ディアゴナル・アル・マル計画』、その先端に創った、今やバルセロナの新たなシンボルの一つとなって海に向かって立ち、海や空を美しく映す『Wホテル』などもまた、ボフィルのヴィジョンとコンセプトの賜物です。

表現行為を一変させたビートルズ

一九六〇年代に登場し、それまでの常識を覆して音楽という一つのジャンルをはるかに超えたロック・ムーヴメントを牽引し、表現という行為のありようはもちろん、ライフスタイルや価値観を含め地球的な影響を与えたビートルズもまた、私の目にはヴィジョンアーキテクトとして映ります。

彼らがデビュー当時、これから何をするという明確なヴィジョンを持っていたとは思いませんが、ビートルズの凄さは、活動を通じてヴィジョンそのものを現在進行形で深化、増幅させていったことです。

まず彼らは当時の若者の感情を自らの言葉でストレートに表現した彼らの躍動的な歌によって、それまでの型にはまった音楽界の常識を一瞬にして破壊し、自分たちの想いを綴った自分たちの歌を自らが演奏して歌うという表現モデルを世界化しました。

また四人の全く異なる個性を持つ若者の集まりであるビートルズは、それまでの音楽界の慣わしとしての、作品の商業的な意図や流行や統一感に自らを合わせるのではなく、それぞれの個性を際立たせつつ、異なる個性の集まりでなければできないようなサウンドを実現し、彼らにしかできない歌を矢継ぎ早に世界に送り出しました。それはそれまでの一曲のヒット曲をそれが飽きられるまで売り続けるというショービジネスの常識を根底から覆すものでした。

さらにビートルズの歌や発言や行動は、労働者階級出身の若者である自分たちの想いや美意識と一体となっていて、自分たちが面白いと思ったことや魅力を感じたことに向かってダイレクトに突き進んで若者たちのライフスタイルを一変させました。

しかも彼らはメンバーのそれぞれが急速に成長し自らを変化させると同時に、それをリアルタイムで作品に反映させ、世界中の若者たちにまるで自分たちの近況を知らせる手紙のように作品やメッセージを発信し続けました。そして不思議なことにそれらは、私を含めた当時の若者たちから、自分宛てのダイレクト郵便《メッセージ》であるかのように受け取られました。

ビートルズやボブ・ディランやローリング・ストーンズなどを中心として巻き起こったロック・ムーヴメントは瞬く間に世界中に広がり、百花繚乱のごとくに無数の優れた表現者たちを生み出しました。

それは自らの心身の声に耳を傾け、自分を取り巻く時代や社会を見つめて一歩前に踏み出せば、社会と時代のなかで生きる一人の人間としての個有性のなかに普遍的な何かを見出して世界に通用する表現として発信することができる、言い換えれば誰もがそれぞれ無限の可能性を持っているということを証明しました。だからこそロックムーヴメントが爆発しました。つまり彼らは新たな次元の表現のフィールドと表現という行為の新たなありようを、すなわち多様性こそが豊かさの源だということを圧倒的なパワーで世界に告知しました。

一九六〇年代から七〇年代にかけて多くの優れた個性的なロックアーティストが出現しました。

ストーンズをはじめ彼らの多くが今なお活動していますけれども、この時期のバンドやシンガーソングライターに特徴的なのは、同じようなスタイルを目指すのでは無く、それぞれが他者とは異なる表現、それまではなかったような自らの個性に根ざした新たな表現を目指したことです。文化の豊かさや広がりは新たな表現の多様な積み重ねだと考えるとき、ロックムーヴメントの爆発は非常に貴重なロールモデルだったと思います。

砂漠化した不毛の砂漠を緑の大地に変えた医師

国際協力隊の医者としてアフガニスタンなどで医療支援活動をしていた中村哲さんは、一人ひとりに対する救命としての医療に限界を感じ、医者という存在を超えて、最初は命をつなぐための水を得る井戸を掘る活動を行いました。さらに、貧しくて食べられないアフガニスタンの人たちがタリバンの傭兵になったりしている現実を見て、砂漠化した土地を緑の大地に変えて農業ができるようにしようというヴィジョンを描き、それを二十数キロ先を流れる水量の豊富な河の水を灌漑用水路をつくって引き入れることを構想して、それを近代的な重機やセメントなどをほとんど用いず、氏の故郷の川を古くから守ってきた堰をヒントに地元の人々の人力によって実現するという偉業を成し遂げました。

目の前に広がる砂漠の景色の向こうに緑の沃土を見ること、そのことを先進国の援助による先進的な工法によって実現するのではなく、造るばかりではなく、常にメンテナンスをしなければならない水路を住民たちが持続的に護れるように、プリミティヴな工法で実現したところに氏のコンセプトと働きの偉大さがあります。

たった一人の日本人が貧困に喘ぐアフガニスタンの人々を見るにみかねて考え出したヴィジョンが十万人の人々が生きていける緑の大地を生み出したという事実は、ヴィジョナリープロジェクトのこれからの一つのありようを示しています。


社会的なことと文化的なすべてのことには始まりがあります。始まりは常に個人の発想から生まれ、それを何とかして実現しようとする努力や工夫や賛同者の協働によって現実化されてきました。そうした働きの無数の積み重なりが豊かな文化として受け継がれてきました。鯉のぼりも、ねぶた祭りも、寄木細工も、漆器も、数寄屋造も、よさこい祭りも、五重塔も、地域的な風土や文化を反映してつくられたさまざまな歌も場所も、写真や自動車や飛行機も、みんな誰かが考え実現し、人々の心を膨らませて受け継がれてきたものです。

人類の長い歴史と営みの中で、どこかで誰かが描いた無数のヴィジョンのなかの、あるものは夢と消え、あるものは実現されて今に至っています。私たちはそうして積み重ねられてきた想いと働きのなかで生きています。

つまり文化の豊かさは突き詰めれば多様な個性とそれに協働する人々によって創り出されてきたということです。あるものは廃れ、あるものは数百年以上も受け継がれ蓄積されてきたそれらの多様な文化は、今はないけれども将来的にはあって良いはず、誰もできないと思っているけれどもこうすればできるはず、これが実現すれば人々が喜ぶはずだ、というヴィジョンを想い描き、賛同者と共にそれを実現した無数のヴィジョンアーキテクトたちやその協働者たちの働きの賜物にほかなりません。

社会的、人間的なプロジェクトというものは、もともとそういうものであり、人間的な心の働きと工夫と献身とそれに共感して行われる協働、それを好む人間の特性こそが人と社会のより豊かなありようを創り出す原資だと思うのです。

近代的な方法のしがらみや固定概念を脱し　それを超えるものとしてのヴィジョナリープロジェクト

ヴィジョンアーキテクトの働きのありようや作業のプロセスなどを述べてきましたけれども、これからの時代のプロジェクトにおいてヴィジョンアーキテクトとしての働きをする際に留意しなければならないことがあります。

最も重要なのが、近代という時代とその特殊性です。近代において実に多くのものやことが社会化されました。私たちの周りを見渡せば、超高層ビルにせよスマートフォンにせよプラスティックにせよ自動車にせよ、近代という時代において実現された多くのものやことに溢れています。

しかし近代という時代でもてはやされた方法は極めてパワフルでそして特殊でした。そのひずみが今、世界中で噴出しています。近代の膨大な成果を踏まえつつも同時に、山積する多くの課題は何に起因するのか、それを超える新たな方法はないのか、ということを真剣に考えるべき地点、つまり近代以前のものを含めて、人類が築き上げてきた知恵を再検証し、近代を超えたところにあり得る可能性を見つめて、社会をもう一度再構築すべき大変革期あるいは再生期に私たちが立っているということです。この自覚を持つことは、プロジェクトを構想し実行するにあたって、大きな方向性を誤らないために、またよりよい成果を得るためにも極めて重要です。

それというのも、プロジェクトを遂行するうえで最も重要な重要事項の把握のステージにおける四つの基本条件、すなわちプロジェクトを成立させるグラウンドと言うべき「事業推進主体」「目的（現実）」「社会性（時代性）」「人間性」のうち、社会性と人間性が近年あまりにも軽視されてきたということがあるからです。

それは現代社会が、近代が初期に掲げた理念を無視し始め、金融資本至上主義に陥ってしまっていることと密接に連動していますけれども、しかし私たちがこれから、近代がぶち当たってしまった壁を乗り越え、また無法地帯になりつつあると同時に知の劣化に加担し始めているインターネットの負の側面に呑み込まれることなく、インターネットを含めたあらゆるテクノロジーを、人間《ホモサピエンス》の暮らしと文化をより豊かにするツールにしていこうとするならば、改めて、社会とは何か、人間とは何かを深く考える必要があります。

というより、この大変革の時代においては、「社会性（時代性）」「人間性」を重視することなしには、もはやプロジェクトを成功に導くことができないからです。すでに述べましたようにどんなプロジェクトもすべて異なる条件を持つ一期一会のプロジェクトであり、そこでは個有性の発見と発揮が不可欠ですけれども、しかしそれにも増して、近代と現在の社会的現実を超えて人間性を豊かに育む社会を見つめる必要があるという、すべてのプロジェクトの共通のグラウンドを把握する必要があるからです。

把握すべき課題の一つは、近代という時代の方法論や国家の仕組みによってなしうることが限界にきてしまっているということです。この方法や手法や仕組みに拘泥すれば、もともと人々が協働して暮らしを営むための場所である社会やその意味そのものが崩壊しかねません。さらには人間を含めた多くの生命を生み出した、地球という奇跡の星の環境が激変し、私たち人間にとって過酷なものになりかねません。

およそ二五〇年にわたる近代という時代、なかでも二十世紀において私たちの社会や私たちの暮らしは、石器時代から近代までに人類が経験した変化を凌駕するほどに変化しました。この変化を私たちの精神や肉体がなんとか受け入れてきたことは、人間が計り知れないほどの順応力を持っていたからでしょうけれども、しかしそれもまた限界に達してきています。近代社会を支えた理念と現実とが乖離してしまっているからです。

人類史上かつて無かったほどの富の偏在と貧富の格差がすでに生じていますし、金融資本主義の暴走は激しさを増すばかりです。異常気象による災害や、人間の生活圏が動物の生活圏と密着してしまったことによる疫病の多発、また国家そのものが初期の理念を失い国民の存在を無視し始めて機能不全に陥ってしまっていることなど、近代社会を支えた基盤が、さらには人間の命を支えてきた命の星地球という基盤が崩れ始めています。

直近の新型コロナウイルスによる疫病は、近代的方法の行き着く果てとして登場したグローバル時代や極度の都市化の弱点を突くようにして、あっという間に世界中に蔓延してしまいました。いつまたそのようなことが起きるかもしれないという恐怖やそれによって露わになった社会の脆弱性などが複合的に私たちの心身を無意識のうちにも蝕んでいます。それではどうするかということがこれからの課題であり、それを教訓として、これまでよりも、より快適で人間的な社会環境を模索し、新たな社会の仕組みやそのありようを再構築することがいま何にも増して重要です。

近代は、具体的には『産業の発展』と『国民国家の樹立』という本質的には全く異なる推進力を持つ強力なエンジンを同時に稼働させて闇雲に突き進んだメカニカルでパワフルな時代でした。

産業革命とフランス革命によってすっかり影が薄くなってしまった神に代わって科学が信奉された近代では、無数の発明や発見が次々になされ、それがたちまち産業に反映され、それまでは存在しなかった無数の物が市場に溢れ、人々の暮らしに物質的な豊かさをもたらしました。

　私たちの身の回りにある物の数は爆発的に増え、いたるところに高層ビルが立ち並び、街に自動車が溢れるなど、私たちを取り巻く生活や景色が一変しました。また国家は主権者である国民を豊かにするものとして、学校や病院や公共施設をつくり、道路や鉄道や通信網などのインフラ整備に邁進しました。しかし同時に、国民が豊かであるためには国家が豊かであることが必要であるとして産業力の増大を推進し、市場を守りあるいは広げるために軍事力を増強し、近代国家はそれぞれが富国強兵を推し進め、ついには二度の世界大戦を巻き起こしました。

　産業の発展には大量生産大量消費の拡大再生産が不可欠であるとして、産業は無限拡大を指向し、より新しいものをより多くより早く遠くへという命題のもと、新製品を次から次へと生産し、地球上を二百年前にはなかったもので埋め尽くしました。多くの製品がプラスティックやアルミで覆われ、あるいは包まれ、移動機械が世界中を飛び回り、それらの材料や動力として、さらには生活のあらゆる場面で必要な電気を生産するために化石燃料が燃やされ続け、農作物さえもが、まるで工業製品のように規格化されて流通網に乗せられました。

　国民を主権者とする『国民国家《ネイションステイト》』の運営方法もまた二十世紀に入るやいなや資本主義と社会主義の二つの仕組みに分裂し、互いに凌ぎを削りながら軍備増強を繰り広げ、やがて国力競争そのものが重視されて国民の存在が無視されるようになり、ついには使用すれば全てを破壊する核兵器の保有競争まで繰り広げられました。

こうしたなかで、あらゆるプロジェクトが国家的なものにせよ民間のものにせよ、競って巨大化を指向しました。拡大成長戦略には、資源の枯渇や無駄や地球環境の変動や人間性の阻害や心身の健康などを無視すれば、その方がより適していると考えられたからです。

この基本的な仕組みや方向性は今も継続されていますけれども、実は一九八〇年代から九〇年代にかけて世界的に大きな構造的な変化が起き始めました。要因は主に五つあります。一つは企業活動が国家の枠を超えて多国籍化したこと。二つ目はコンピュータネットワークが地球規模で稼働し始めたこと。三つ目はそれにつれて物流がメインであった経済において情報流や人流の比重が加速度的に増加し始めたこと、そして四つ目はそれらと同時に金融資本至上主義が実体経済をはるかに超えて暴走し始めたこと、さらに五つ目は、こうしたことを背景にして、もともとは法と税による直接契約によって運命共同体的な関係にあった国家と国民の利害とが乖離し始めたことでした。

これらによって経済はグローバル化し、企業そのものが商品化されて強者のみが生き残る構造が促進され、政治もまた大企業や富裕層への利益誘導体と化しました。つまり『国民国家』の理念が根底から崩壊し始め、国家と金融資本経済を重視する近代的な社会運営が破綻し始めたということです。

当然のことのように富はごく少数の金融富者に向かって渦を巻いて流れ、国家は肥大化した国体を維持することに汲々として国民を無視しています。これは地球的な規模の構造的な悲劇です。

　また地球という現実的限界枠の壁にぶち当たった近代がつくりだした、もう一つの無限拡大を指向するインターネットが社会性や人間性を無視して無法地帯化し、テクノロジーの進歩が知力や文化の劣化を招きかねないという人類史上初の事態が構造的に進行しています。これは二十一世紀に入ってますます加速していて、現時点で既に情報はＧＡＦＡに代表される巨大なコミュニケーションインフラ企業に独占される事態となっています。これもこれからの大きな地球規模の課題の一つです。

　インターネットによって、今では誰もがスマートフォンを介して、必ずしも真偽が定かではない何かを知り、友人や見知らぬ他人と断片的な言葉や映像のやり取りをし、誰もが世界に向けて発信、受信を繰り返します。しかし重要なのは、このインターネットというヴァーチャル空間が、私たち人間がこれまで接してきた空間とは全く異なる属性を持っているということです。

　現実的なすべての空間には基本的に内と外が存在します。例えば壁や柱などに囲まれた建築には内と外があります。同時に建築は外との関係性の中に存在していて、そうでなければ建築は建築として機能しません。

　憲法や法律のように文字で規定された社会的空間にも同様に内と外があります。近代国家という社会空間は憲法の文言に基づいてつくられますし、法律に規定された空間からはみ出なければ自由ですけれども、それを越えれば罪を犯したとみなされます。地球という空間も大気圏の外は宇宙です。つまり現実の空間には内と外、そしてそれらを分ける境界あるいはルールがあります。

しかしインターネット空間にはそれがありません。もちろんスマートフォンの電源を切れば、私にとってのインターネット空間はその瞬間に消滅したように見えます。しかしそれは電源を入れればまたアクセスしうるものとして存在し続けています。またどこまで行けば果てにたどり着くのかといえば、インターネットの世界とそうではない世界とを分かつ境や、遠い近いといった距離の概念や時間の絶対性もありません。孫悟空が觔斗雲《きんとうん》に乗ってどこまで飛んでも、気がつけばお釈迦様の掌《てのひら》の内にいたのと同じように、誰も空間の大きさや自分がその中のどこにいるのかがわかりません。インターネットは無数の擬似空間の集合体、あるいはプログラムやシステムやデータそのものにほかならないからです。

そこでは個々人は、現実を生きる自分という存在が確かであるために、インターネットの中でも、あたかも自分が存在しているかのように感じますが、それは一種の錯覚であって、現実とは異なる空間概念を持つインターネットという擬似空間の中では、個々人は無数のデジタル化された断片的な符号の便宜的な集合体にすぎず、そこでは自分という個性は消滅、あるいは拡散してしまっています。これはある意味では近代が推し進めてきた分断化の極地です。

現在インターネットには空間のルールを決めるべき主権者とそのありようが存在しません。巨大なＧＡＦＡなどが便宜的に主権者的な機能を果たし、そのルールを強いているにすぎません。

私はここでなにもインターネットを批判しているわけではありません。インターネットはもちろん高度な利便性を有していますし、文化的な可能性や表現上の可能性も無限にあります。

ただ現時点では、インターネットには未だ、生身の人間がそれを自分の場所として認識し、そこで生命的な営みを行うだけの社会的空間性が備わっていません。言い方を変えれば、インターネットが社会空間化するためには、そのなかのすべての参加者が共有すべき基本ルール、すなわち内と外とを分かつ境界が存在する必要があります。もしこのままそれを実態化することができなければ、インターネットは巨大な無法地帯と化する危険がありますし、インターネットを支えるテクノロジーが、原子力や遺伝子組み換え技術のようにモンスターテクノロジー化してしまいかねません。これもまたこれからのプロジェクトを遂行する際の極めて大きな課題です。

これらの多くの課題が未解決であり、しかもその解決方法が見出だせていないというのが、近代が最終局面において迷い込んでしまった現在の状況です。人間とは何か、社会とは何かを考えるとき、そこからの地球規模での社会の新たなヴィジョンに基づく再編が不可欠です。

もちろん、こうした状況から脱する方法は、象徴的にはリーマンショックや温暖化問題や福島第一原発の事故などを契機に模索され続けてきました。とりわけ化石燃料から自然再生可能エネルギーへの転換とそのための技術の開発が進んでいます。また流通による広域移動を前提とした大量生産大量消費の流れにも変化が起き始め、少量多品目生産、自家消費、地産地消、有機農法、脱プラスティックなども注目され広まりつつあります。つまり新たな人間的な社会を運営するための新たな方法が世界的に模索され始めています。これからのプロジェクトは好むと好まざるとにかかわらず、またプロジェクトの規模の大小を問わず、こうした基本的背景を視座に入れて行われなければなりません。

なぜならヴィジョンアーキテクトが仕事を遂行する場合に重要な四つのプロジェクトグラウンド、すなわち『事業推進主体《プロジェクト》』『目的』『社会性』『人間性』が、これらの課題や歴史的な潮流と大きく関係していて、どんなプロジェクトもその潮流の中で行わざるを得ないからです。

社会を成熟させるヴィジョナリープロジェクトの時代

人間社会は今、国家と金融経済を重視しひたすら成長を指向して国家間競争を繰り広げてきた近代という時代を抜け出て、人間性に立脚するとともに地球規模で社会や物事を考えるべき『地球時代』のありようを模索すべき時を迎えています。これからのプロジェクトは皆、この大きな潮流の中にあります。

端的に言えば、国家が個別に競って『成長』を目指した時期から、人類と社会の総体が『成熟』すべき段階へと入ったということです。「競争から自立」「進化から深化」「画一性から多様性」「一極集中から多極共存」「国家から人」「拡大から美的継続」「大規模から小規模」「調達から自給」「使い捨てから循環」などの、根本的な方向性の確認とそれに応じた方法の転換が必要です。

そこでは近代において国家が国民を守るものとしてあった諸課題、つまり広い意味での安全保障の課題やそこにおける優先順位の設定も当然のことながら大転換が必要になります。

国々が領土やマーケットや主義主張を巡って争いを繰り返していた近代では軍事力が不可欠とされ、そこに膨大な予算が投入され、アメリカなどのように軍事産業が国家の基軸産業として国家運営に構造的に組み込まれてしまっている国もありますけれども、軍事産業は経済が地球規模で連動している現在では優先順位はおろか、その必要性自体がもはや疑問です。というより、新たな仕組みへと社会が向かう際の障壁あるいはリスク要因となっています。

社会の安全保障上のメインターゲット、つまり社会が備えるべきリスクはいまや、実体経済から乖離してしまった「金融資本」、弱肉強食の無法地帯と化している「インターネット」、そしてウイルスによる「感染症」、「化石燃料によるエネルギー生産」や「食糧」や「ゴミ」、「地球規模の自然環境破壊や大規模災害」、「原子力」や「巨大都市《メガポリス》内部の空洞化や部分的なスラム化」、「遺伝子組み換え」などのなかにあり、どの国も時代遅れの戦争のための武器や軍隊や、肥大化し硬直化して機能不全に陥っている国家運営機構の維持などに、なけなしのお金を浪費している場合ではなく、一人ひとりの人間と地球全体のこととして物事を考えなくてはいけなくなっています。

エネルギーも、これまでは多くを化石燃料や原子力による大量生産大量消費に依存し、電気などは人口が集中する都市部へ郊外から送電ロスを無視して送電されてきましたけれども、これからは地域で水や太陽光や地熱や風などを複合的に利用した小規模な地産地消の自律的で持続可能なエネルギー生産が有効です。食料も同じです。

税金なども国家に集めて公共投資や交付金で地方に回すという中央集権的な仕組みではなく、国家運営機構を極小化し権力を分散させて地域社会の自立と多様なネットワークによって社会を運営する仕組みへと再構築すべきです。そのような方向性を内包するかどうかがプロジェクトの生命力と未来生を左右します。つまり近代を超えて新たな社会に向かうには、エネルギー、食糧、労働、健康、生産、政治、文化、税、資本などの基本概念と実態を再構築する必要があります。

産業テクノロジーを重視した近代では、細分化された部分を目的に集約する方法論でさまざまな個別目的に特化したテクノロジーが追求され、その成果として実に多くのテクノロジーが実現されました。幸いにも、それらを利用すれば成長から成熟へと転換していくための基本的テクノロジーはコンピュータも含めてすでに出揃っています。またそれらを組み合わせることで可能になることが無限にありますし、そこから生じた知恵によってテクノロジーそのものをより熟成させていくことも可能です。

しかも近代が追求してきた、単一製品を高いクオリティで大量に生産することなどは、今やコンピュータ管理による無人化された工場によって生産し、その受注生産管理や保管や配送も少数のオペレーターがいれば可能なところにまですでにきています。つまり産業社会が追求してきたことの多くが、いまやロボットが代行しうる状態になっています。

その時、ロボットやコンピュータが代行できないものは何か、物に溢れて便利かもしれないけれど、複雑で非人間的な無理を強いる社会から、人間的な喜びや感動や安心に溢れた生活が快適に健やかに行えるようにするにはどうすれば良いかということが問われ始めます。農業や林業や漁業や工芸なども産業的な観点を離れて、総合的な社会ヴィジョンと仕組みの中で捉え、最先端の営みの場としていくことが重要です。

そこで必要になるのは、何を何のためにどのようにどれだけつくるのか、それは人や社会の何を豊かにするのか、つまりそれは人がより人間らしく生きていくために、そしてそれを豊かに育む場所として社会や街や地球の自然をより良くしていくことに寄与することなのかどうかを考える総合的で人間的な力です。そしてそれはまさしく、ヴィジョナリープロジェクトにおけるヴィジョンアーキテクトの働きとは何かということとダイレクトに重なり合いますし、こうした視点を欠いてはプロジェクトに生命力を付与することができなくなっていきます。

つまりこれからは、どんなプロジェクトも規模の大小を問わず、画一的な方法ではなく、それぞれのプロジェクトを取り巻く個有性とそこに潜む人間的普遍性や社会性や、そこでこそ活きる新たな可能性を見出し、成し得る最大限のヴィジョンとそれを可能にするための方法を設計して実現するということ、すなわちそのためにヴィジョンアーキテクトとして働くことが極めて重要になってきます。一つのプロジェクトで多くのことを実現することはできませんけれども、それでもその成果がどのような可能性を持つものとして、人間と社会の何を膨らませようとしているかという方向性の確認の有無が、ひいてはプロジェクトの成否を分けます。

また近代のように仕事と遊びや公私を分離するのではない働きのありようが、さらに言えば「遊び」という、文化を生み出す源であるような働きが改めて注目されるようになるでしょう。「遊びをせんとや生まれけむ」という歌が『梁塵秘抄』にありますけれども、遊びとは心身が喜ぶことに、損得を無視して夢中になるという人間性の表れであり、創造性の源泉でもあるからです。

重要なのは、すべてのプロジェクト、すなわち人が何か目的を定めて協働で何かを新たに創り出すという行為は、もともと自分たちの暮らしや生きている場所をより良いものにするためにこそ行われるという基本であり出発点です。

近代においては国々が、軍事力であれ経済力であれ同じようなターゲットをめぐって競い合いました。同じように自動車産業であれなんであれ企業同士もまた同じようなフィールドで凌ぎを削り合いました。しかしそこでは方法そのものにはそれほど大きな違いはないために、やがてテクノロジーレベルが拮抗し始めるにつれ、多くの場合、自ずと資金力や規模の大小や労働コストの勝負になっていかざるを得ませんでした。

また国家も産業もモデル化された方法や仕組みやフィールドのなかで、どちらの国が軍事力や経済力において相手を凌駕できるか、あるいはどの会社がより多くより安くより高性能の商品を生産するかという競争が主流であったために、四つの重要基本条件のところで述べたような、グラウンドの個別の把握や総合的な把握はそれほど重要視されませんでした。

そこで重要とされたのは国家においては富国強兵、あるいは自動車会社であれば自動車を、家電会社であればテレビならテレビを大量に生産し販売するという産業社会の要請や需要であって、「プロジェクト推進主体」にとっての大まかな存立基盤《ミッション》そのものは同じでした。

「プロジェクトの目的」やそれをとりまく現実もそれほど大きくは違いませんでした。自動車会社における「プロジェクトの社会性」は自動車の普及という社会的な要請が代弁していましたし、「プロジェクトの人間性」もまた、安全性や価格や耐久性や快適性といった個別のテーマのなかで語られがちでした。

しかしすでに近代国家の基盤としてのインフラがある程度整備され、いわゆる先進国においては自動車も家電も衣服もすでに飽和状態に達し、コンピュータでさえ、ノートパソコンやタブレットやスマートフォンなどを見ればわかるように、社会的インフラとしてはほぼ行き着く形にまで到達していて、これらの旧来型の再生産活動の担い手は世界的に見てすでに絞られています。

したがってこれから新たな何かを創り出すために起こされるプロジェクトにおいてはプロジェクトの個有性が問われます、というより産業と成長に邁進した近代とは異なり、成熟社会においては個別の深化や可能性の広がりが求められますから、「プロジェクトの社会性」や「プロジェクトの人間性」はもちろん、「プロジェクト推進主体」のありようや、それによって社会や人びとの潜在的欲求にどのように応えたいのかが問われますし、「プロジェクトの目的」そのものも問われます。

また近代では、国家においては経済力や軍事力が、企業においては金融資本力や生産技術が、また社会活動においても貨幣が極めて重視され、貨幣こそが「資本」であるかのような言動や価値観がもてはやされました。しかし貨幣は人間と社会にとって便利な、社会的な信用の上に成り立つ「道具」ではあっても「資本」などではありません。しかも貨幣経済は実態を離れて金融資本経済化して、巨大金融資本が世界を、つまりは地球上の多くの社会を自らの影響下に置くようになってしまいました。しかも実態を離れて肥大化し、今やクラッシュと表裏一体のものとしてある金融資本は、突き詰めれば貨幣との交換幻想や契約幻想に支えられた「数字」にすぎません。にもかかわらず巨大金融資本が世界を、つまりは地球上の多くの社会を自らの影響下に置くようになってしまいました。

人間や社会によっての本質的な資本、つまり人間らしい暮らしやそれを豊かに育む社会の構築のための原資は、まずは「命」であり、人間らしさや人間的な心を育み人が人になるための働きをした「人間的な特性」であり、人が安心して快適に生きて行くために創り出した「文化」や、家や建築や街や畑や森や水路などの「社会資本」であり、それらを根底で支える「技」や「地球の自然環境」にほかなりません。

つまりこれから社会が成熟して行く中でプロジェクトを成功させるためには、私はこうした真の意味での『資本』、すなわち『生命資本』『自然資本』『文化資本』『場所資本』『社会資本』という『五つの資本』を重視し慈しみ豊かに育てること、そしてそのための社会的な仕組みを新たに設計し社会を再構築することが必要だと考えます。つまり来るべき時代においては、あらゆるプロジェクトがこれらを指針として踏まえる必要があるということです。

『生命資本』は人の命や健康はもちろん、私たちを生み出した地球上の動植物を含めたあらゆる生命ならびにそれを支える知恵や技の総体を指します。私たちの命はそれらの多様な生命の有機的なバランスのなかで育まれるからです。

『自然資本』はその地球全体の自然環境や、私たちの家や街や地域の環境ならびにそれらの健全化のための知恵や技の総体を指します。私たちの暮らしや、そこにおける安らぎや快適さはそれらと共にあるからです。

『文化資本』は私たち人間が長い時間をかけて創り受け継ぎ、さらに積み重ねようとしている文化ならびにそのための知恵や技の総体を指します。命を繋ぐという生命的な命題とともに人が人らしくあるためには文化を培うことが必要不可欠です。文化を受け継ぎ、そこに新たな何かを付け加え、それらを享受し、次の世代に手渡すこともまた人間にとってのもう一つの重要な命題です。

『場所資本』は人間がこれまで創り出してきた、あるいはこれから構築する建築や街や地域のありようならびにそれらをつくりだす知恵や技の総体を指します。それこそが私たちにとっての目に見える社会であり、日々の営みの場だからです。それを長い時を積み重ねて大切にしてきたからこそ、美しい建築や街や場所があります。多くの人々にとっての旅の目的は、地球上のそのような街や場所の美しさやそこでの営みから何かを学び、そのなかで育まれた生活や食などの文化に触れることです。そこに日々の人間の暮らしにとっての場所やそれを織りなしてきた多様な技の大切さがあります。

『社会資本』は社会生活を営む私たち人間が構築してきた社会的な仕組みの総体を指します。すなわち憲法や法律や国家運営のための仕組みや税制のありようや慣習やそれらを人間的に稼働させるための知恵や技の総体を指します。そのありようが私たちの社会を良くも悪くもするからです。

社会は私たち人間が人間として協働して生きていくために創り上げた人間ならではの仕組みです。つまり命ある私たちにとって、また想像力という無限の可能性を生み出す力を持つ私たちにとって大切なのは、生物として生命を守ることに加えて人間らしく生きるということであり、そしてそのために自然や社会の環境をより健やかなものとすることが重要です。

具体的には、人間らしさを創り出す原資となった『人間的特性』、中でも最も重要な特性である、人が無意識のうちにも美を愛し美を求めるという特性をより活かすことが重要です。そのことが人間らしさや物を創り建築を創り街を創り文化を創る原資の働きをしてきました。

人間的な特性としてはほかにも、人が知を愛する存在だということがあります。人は知ることが大好きです。知る対象には目に見えているものやこともありますけれども、その向こうにある目には見えない何かも含まれます。

ニュートンが引力というものの存在に気づいたのはリンゴの実が落ちるのを見たときだという伝説がありますけれども、そういう目に見えるものの向こうにある見えない何かをも知りたいという人間的な特性がなければ、物理も物語も生まれ得なかったでしょう。

そして人間は、『美』や『知』を他者と『共有』したいと思う特性を備えています。自分が知り得たことを誰かに伝えたい、誰かが見た美と自分も触れ合いたい。そういう特性がなければ、言葉も絵も音楽もスポーツも社会も文化も生まれ得なかったでしょう。それと連動するものとしてある想像力や創造力を発揮することを好むという特性も重要です。

人はそのような人間的な特性を活かして、人間的な心や文化を育んできました。社会を成熟させるとはつまり、そういう人間的な特性がより良く健やかに活きる人間らしい社会に社会を近づけて行くことです。

そのために一人ひとりがプロジェクトを通して、その推進者や協働者の一人として『五つの資本』を念頭に置きながらプロジェクトのグラウンドを見つめ、プロセスを一つひとつ積み上げながら進むことが重要です。またそのなかで矛盾する要素や対立する要素の存在に気付いたならば、それらをより上位のヴィジョンやコンセプトによって大きく包み込むべく工夫する、あるいはそのこと自体を楽しむことが必要です。

それは近代的な手法に慣れた人にとっては煩雑に映るかもしれません。しかし一人の人間としての観点に立てばむしろシンプルでわかりやすいというところにヴィジョンアーキテクト的な働きの特徴があります。

近代という大きな潮流の中で、個としての自分と社会的な自分や複雑な関係の中で自らに無理を強いたり、ともすれば不本意な判断を選択してきたことに比べれば、それははるかにシンプルで納得しやすい判断基準であり、自由度の高い働きのありようです。

たとえば地域社会が新たに何かをしようとするプロジェクトを起こし、自分がそのチームの一員になったとき、そのことに国の援助が得られるだろうかとか、市長の考えに合わせなければとか、観光客をたくさん呼ばなければとか、どうしたら儲かるだろうかといった、プロジェクトの本質ではない周辺情報や国やその場限りの上下関係やあやふやな目論見などに惑わされないことが必要です。

そうではなく、そのことによってこの地域の営みや街並みや景観は美しく住みやすくなるだろうか、それを長く受け継がれるようにするにはどんな仕組みを創ったらいいだろうか、これは人間や環境にダメージを与えないだろうか、子どもたちは、そして孫たちはこのことを喜んでくれるだろうか、このことによってどんな文化が育ち得るだろうか、それはこの地域の風土や歴史から生まれた文化とどこかで重なり合っているだろうか、このことによって私たちの命や心は輝くだろうかということなどを考えることが必要です。そのようにしてプロジェクトやその進行の一つひとつを見れば、自ずとわかることがたくさんあるはずです。

最後に、それらを集約するさらにシンプルな判断基準を挙げるならば、これからやろうとしているプロジェクトが、あるいはそのなかで行なおうとしていることが「美しいかどうか」を、まず自分の心に問うことです。あるいは人の心身や地球の健やかさを育むことにそのことがプラスかマイナスかを考えてみることです。

一人の人間として胸に手を当てて自らに問うことによって見えてくることはたくさんあります。そうして一人ひとりがヴィジョンアーキテクト的な働きをすれば、規模の大小を問わずあらゆるプロジェクトがヴィジョナリープロジェクトになり得ます。そうしてあらゆるプロジェクトの中で、一つでも二つでも人や社会をより美しく豊かにすることにつながる何かを実現すること、そのことによって私たちの社会が近代という闇雲な成長の時代を超えて、命と人間と地球と個有性に立脚した、より人間的で成熟した健やかな社会へと向かっていけると確信しています。

あとがきにかえて

3・11の東日本大震災と、それによって起きた福島の原発事故から一〇年が過ぎました。一〇年が経ったところで、肉親や友人や家や故郷などを失った多くの人々の哀しみは癒されるはずもありません。東北では、街や村を、その土地の歴史や営みの個有のありようを踏まえて新たな魅力に満ちたものとして再創造するという夢、ヴィジョンを掲げるべきですが、現実には海岸に巨大なコンクリートの防潮堤が建造され、これまでも都市の周辺で行われてきた宅地造成のようなことが、いたるところで進められているばかりです。

過酷な事故を起こして自壊した原子力発電所は内部に、溶け落ちた九〇〇トン近くの燃料デブリを抱え込んだまま、廃炉に至る工程はおろか、その方法の糸口さえ見出せず、地下水が破壊された原発プラントを流れ、汚染水が増え続け、その海洋投棄すら話題に上っています。原子力緊急事態宣言は一〇年前に発令されたままです。もし宣言を解除すれば、国際基準の平常時1ミリシーベルト、少なくともチェルノブイリ周辺の避難指針の5ミリシーベルトを採用せざるを得なくなります。そのとたんに広大な地域の人々が避難を余儀なくされます。非常事態宣言下で強引に年間20ミリシーベルトに引き上げられた避難基準のもとで今なお生活しているのが私たちの現実です。

あの大地震とそれによる津波がもたらした、言葉では言い表しようのない過酷な現実に実際に直面した方々の哀しみと苦境は想像を絶します。それをテレビなどを通して目にした私たちの多くが、何か自分にできることはないかと思ったはずです。しかし何もできないまま、事態をただ呆然と見守るばかりだったように思います。私もそんな一人でした。

それでも、たとえ微力でもと思ったりもし、現地では手に入りにくいと聞く物資を僅かながら友人宅に送ったりさまざま情報を交換し合ったりしているうちに、アメリカ在住のヨットやキャンピングカーのディーラーをしている友人からメールが来ました。

彼が顧客や仲間たちと話をして、キャンピングカーやトレーラーハウスを数百台、無償で譲り受けるという約束を取り付けた。それを震災で被害にあって家を無くした人たちに差し上げたい。数百台では大した助けにはならないかもしれないが、それでもないよりはマシだと思う。それにキャンピングカーはどこにでも移動させることができるから便利だと思う。ついてはもし日本サイドで話がついてキャンピングカーを運ぶ船をロサンゼルスの港まで持ってきてくれれば、その日までにキャンピングカーを提供してくれるオーナーたちがそれぞれロスまで運ぶから、なんとか船を手配できないか。という内容でした。

アメリカのキャンピングカーは、設備が整った一軒の家に等しいです。あればきっと役に立つ、素晴らしい申し出だと思いました。早速実現に向けていろんな所に連絡を取りましたが、私の知人、友人には政治家とつながりのある人がほとんどなく途方に暮れました。それでもなんとか政府の中枢にまで話を通すことはできました。しかしそこで様々な難題が浮上してしまいました。

まず船会社と交渉する以前に、すべてのキャンピングカーの譲渡証明書や検疫証明、資産価値証明等々、ほかにも何やら複雑な何枚もの証明書が必要だというのです。そんなことを善意のアメリカ人たちに要求できるわけがありません。で結局、それは不可能だというのが日本の担当官庁関係者の回答でした。がっかりしました。

そのうち信頼する二人の友人たちが、地震はともかく、原発事故に関して検証し、これから何をどうすべきなのかという指針を示す本を出そうと思うから協力してほしい、出版社とも話はついているからという電話がありました。それで三人で集まって話し合い、その本で表すべき内容の項目リストを作ったところ、それを見た出版社が尻込みをしてしまい、結局その話も消えてしまいました。

次には、大手のゼネコンの友人と話をしました。連日テレビでは、汚染水の問題や地下水の問題や、崩れ落ちそうな使用済み燃料棒を大量に有する4号機の問題など、様々なことが議論されていましたし、日本のゼネコンの底力をもってすれば、できることはいろいろありそうに思えたからでした。ところが大手ゼネコンの中枢にいた友人が言うには、自分たちもそう思い、他の大手も誘って現場に行ったけれども、内部への立ち入りに関する電力会社の許可が下りなかったとのことでした。

既存の仮設住宅とは全く異なる、安価で快適なコンパクトハウスをハウスメーカーに話してつくろうと友人に持ちかけたりもしましたが、それもプロジェクト化しませんでした。

いろいろ努力しましたが、何も実現できませんでした。私は無力感を感じながら、フェイスブックやブログで時々発言したり、友人の写真家のロベルト・オテロの、ブエノスアイレスに住む彼のお姉さんからの心に沁みるメールを訳して、インターネットに載せたことくらいがせいぜいできたことでした。スペインの友人たちから、早く日本を離れてスペインの自分たちの家に来るようにとのメールが来たりもしました。スペインでは日本の原発事故に関して凄まじい報道がなされていたからです。ありがたい申し出ではありましたが、私は日本で自分にできることをやろうと思うとメールを返しました。

そんな時、ドイツ在住の友人からメールが届きました。あの大震災と津波の被害に遭った日本の人たちが、取り乱すことなく冷静に行動をしていることに対して感動を禁じ得ないということと共に、日本人がこれを機に、ヨーロッパ人には思いもつかないような、近代の価値観や仕組みを超える、全く新たな価値観に基づく新たな社会とそれを創る方法を考え出してくれるのではないかと話しています。という内容でした。

その言葉が私の心に突き刺さりました。日本から遠く離れたドイツ。福島の原発事故を見てすぐに脱原発に向かうことを国が決心したドイツ。そんなドイツで、そんな風に日本人の可能性を見つめる人たちがいることを嬉しく感じました。そして同時に、確かにそうしてこその、というより、それをしなくて何をするのだ、という思いが私の心に強く残りました。それにつながり得る何かをしなかったとしたら、とてもヴィジョンアーキテクトを名乗ったりできない、とも思いました。

そこで近代を超えたところにある、近代とは全く異なるヴィジョンとコンセプトに基づく社会と人の営みとはどのようなものなのかを自分なりに考えることにしました。つまり国家と金融資本とスケール拡大競争に邁進した近代、その中で幾多の戦争を起こし、貧富の格差と分断を極限にまで広げ、個々人に無理を強いてきた社会とは異なる、個性と人間性と文化を豊かに育む多様性と寛容性と生命力に富んだ社会のありようとその構築につながるような時空間創造ヴィジョンの可能性を、『本』という形式によって、私なりに表すことはできないだろうかと考えるに至りました。

そのことをヴィジョンアーキテクトとして考えた時、まず最初にやるべき作業はファーストステージである四つの『重要基本条件の把握』です。このテーマの場合、『プロジェクト推進主体』

は現代を生きる人々ということになります。プロジェクトの『目的（現実）』は、近代を超えたところにあり得る、より成熟した社会の構築とそのためのヴィジョン、あるいは指針を構想することです。また『社会性（時代性）』は、目的と重なり合うようにしてある巨大なテーマ、すなわち、国家や金融資本や物や情報の拡大再生産を推進した近代を脱して、個々人と『五つの資本』を重視する来るべき社会のありようを見つめることであり、そしてそこにおける『人間』の把握とは、人間《ホモサピエンス》という生命種が、弱者を含めた多様な仲間たちと協働することで生き延びるために創り出した社会という時空間やそのための仕組みの本来の役割、またそこで文化を創って人間性を育んできた私たち人間はどのような特性を有するのかという本質を凝視することです。

そしてそのようなことを本という形式で言葉を用いて表現しようとする時、主に三つの極めて大きな難題があると思われました。一つはテーマがあまりにも大きいということ。二つ目は、近代においてもてはやされた、専門分野化された経済学や社会学のような個別の学問的アプローチ、あるいは思想や理論や論理、過去と現在を分析して未来を予測する手法によっては近代的な価値観や枠組みを突破して新たな社会観を描くことはできないだろうということ。そしてもう一つは、近代的な価値観や仕組みや方法がすでに二〇〇年以上もの歳月を経て社会に定着しているために、そこでの常識や既成概念や仕組みなどが、あたかも人類が進化を重ねてたどり着いた最終形態であるかのような感覚、もしくは錯覚とともに、現代人の心身に染みついてしまっているということでした。

そこで、一つの本によって全てを言おうとするのではなく、建築的時空間が壁や天井や柱や窓やたくさんの材料によって構成されているように、様々なアプローチと内容を持ったくさんの本を組み合わせて『目指す社会的時空間《ヴィジョン》』を包み込むような、あるいは本に接してくださった方々が、それぞれのイメージの中でヴィジョンと触れ合い、そのことによって私が想い描いているヴィジョンの存在を体感できるようにするという方法《コンセプト》を考えました。

建築は正面から見たり中に入って歩き回ったり、窓から外を眺めたり庭に出たり、一晩そこに泊まってみたりなどして、つまり一つのアプローチによってではなく、部分的な触れ合いの集積によって認識されます。それと同じような表し方を採用しようということです。

そして、いろいろと考えたのち、必要と思われるテーマを配置したマスタープランを描き、そのプランに従ってコツコツ図面を描くように、ひたすら原稿を書き始めました。しかし原稿というのは、本という形を得なければただの私的な紙です。そこで十冊分くらいの原稿を書き終えた頃に、それを本として出版してもらうべく、知り合いの出版社に相談しました。

そうして、近代という時代のファーストランナーの役割を担った19世紀半ばのロンドンの光と影を描いたギュスターヴ・ドレの版画と共に、近代資本主義社会の始まりと、そこに潜む構造的問題などを述べた『ドレのロンドン巡礼』（講談社）が二〇一三年に出版されました。けれど、それからが大変でした。知り合いの出版社を回りましたが、どこもうちでは無理です、の繰り返しでした。

よく聞かれたのは、類書はありますか、ということでした。もちろんありませんと言うと、それでは無理です、との答え。エッ？　とおもわず聞き返すと、どうやら売れている類書があればそれに乗じて売れるかもしれないということのようでした。私にしてみれば、もし類書があるのなら、わざわざ私が書く必要などありません。

また、ある大手の出版社では、申し訳ないけれども、私どもの出版社ではこのような真面目な本を読む読者を育ててこなかったので無理です、との答え。テーマがずいぶんバラバラですねとか、いろんなところでいろんなことを言われました。

そこで書店にも出向いて見てみると、どうやらエンターテイメントやビジネスのノウハウものや料理や漫画やタレントものや古典や流行りものが多く、それに本の内容やつくりが、どこか雑誌的な感じがしました。もしかしたらそれは、大手や中堅の出版社の本の多くが編集プロダクションによってつくられていることなどが関係しているのかもしれないと思いました。本棚のジャンル分けも型通りで古めかしいなと思いました。

それで図書館に行き、全く先入観を持たず、出版社の知名度なども考えずに、私自身が本らしい本だなと感じる本、よくこんな本が出版できたなあ、と感じる本を探してみることにしました。

そうして選んだ三冊の本は、なんと三冊とも未知谷という、私の知らない出版社から出版された本でした。仕事場に戻って本棚をみるともう一冊、同じ出版社の本がありました。

すぐに電話をしてアポイントを取り、未知谷を訪ね、本がたくさん積み上げられているいかにも出版社らしい空間のなかで未知谷の発行人兼編集人の飯島徹氏と話をしました。いつものようにリストを見せてそれぞれの本の趣旨を説明しました。すると三〜四〇分ほど話をじっと聴いておられた氏が突然、こんな言葉を発せられました。

「もしうちでよかったら、順次出版しましょう。〝誰もやらないなら、私がやります〟というのが私共のモットーですから」

一瞬、耳を疑いました。思わず顔を上げると、氏が穏やかな笑顔を浮かべてこちらを見ていました。初対面なのに、まるで昔から私のことを知っているかのような自然な笑顔。急に嬉しさが込み上げてきて、あわててお礼を言いましたけれど、なんだか不思議な、いきなりふわりと空中に抱え上げられたような気持ちになりました。

そうして氏と、編集もコンピュータオペレーションもデザインも行う伊藤伸恵女史との協働ワークが始まりました。やりとりはとてもシンプルで、預けた原稿を読んでもらい、その中から飯島さんが出版しようと思う原稿を選び、そのテキストのデータを送ってくださいというメールが伊藤さんから来たら、その本の具体的な出版作業のスタートです。そして未知谷から最初の一冊である『イビサ島のネコ』が二〇一六年に出版され、以来本書にいたるまで、ほかの著者の方々の多くの本の出版の間を縫って、すでに十六冊の本が刊行されました。

テキスト原稿を送った後は、文字組などはもちろん判型や装丁やブックデザインなど、すべてプロ中のプロのお二人におまかせで、出来上がった本が送られてきた時が本になった姿を初めて目にする時で、それが本当に楽しみでいつもワクワクドキドキしました。そうして発行された本はどれも内容にぴったりの素敵な本で、お二人が愛情を持って原稿に本の形を与えてくださったことがひしひしと伝わってきました。既刊書のラインアップは以下のとおりです。

同調圧力が強い日本とは異なり、それぞれが極めて自由に個性的な生き方をしていた70年代後半のスペインのイビサ島の友人たちの姿を描いた『イビサ島のネコ』。

それぞれの時代の中で、表現の世界の新たな領域を果敢に切り拓いたスペインの天才たちが見つめたヴィジョンとそれを実現した方法を描いた『天才たちのスペイン』。

近代社会とその仕組みを創ったヨーロッパの価値観の源である旧約聖書の世界の本質と基本的な構造をドレの画と共に述べた『旧約聖書の世界』。

谷口江里也が 3.11 以降に
今の日本にかけていると思われる何か、あったほうがいいと思われる何か、潜在する可能性
近代の問題点とそれを超えたところにあり得ると考える
人間性と美を豊かに育む社会空間と時代への可能性を求める
『地球時代の社会的時空間創造（地球時代を拓く）』の本のためのテーマリスト

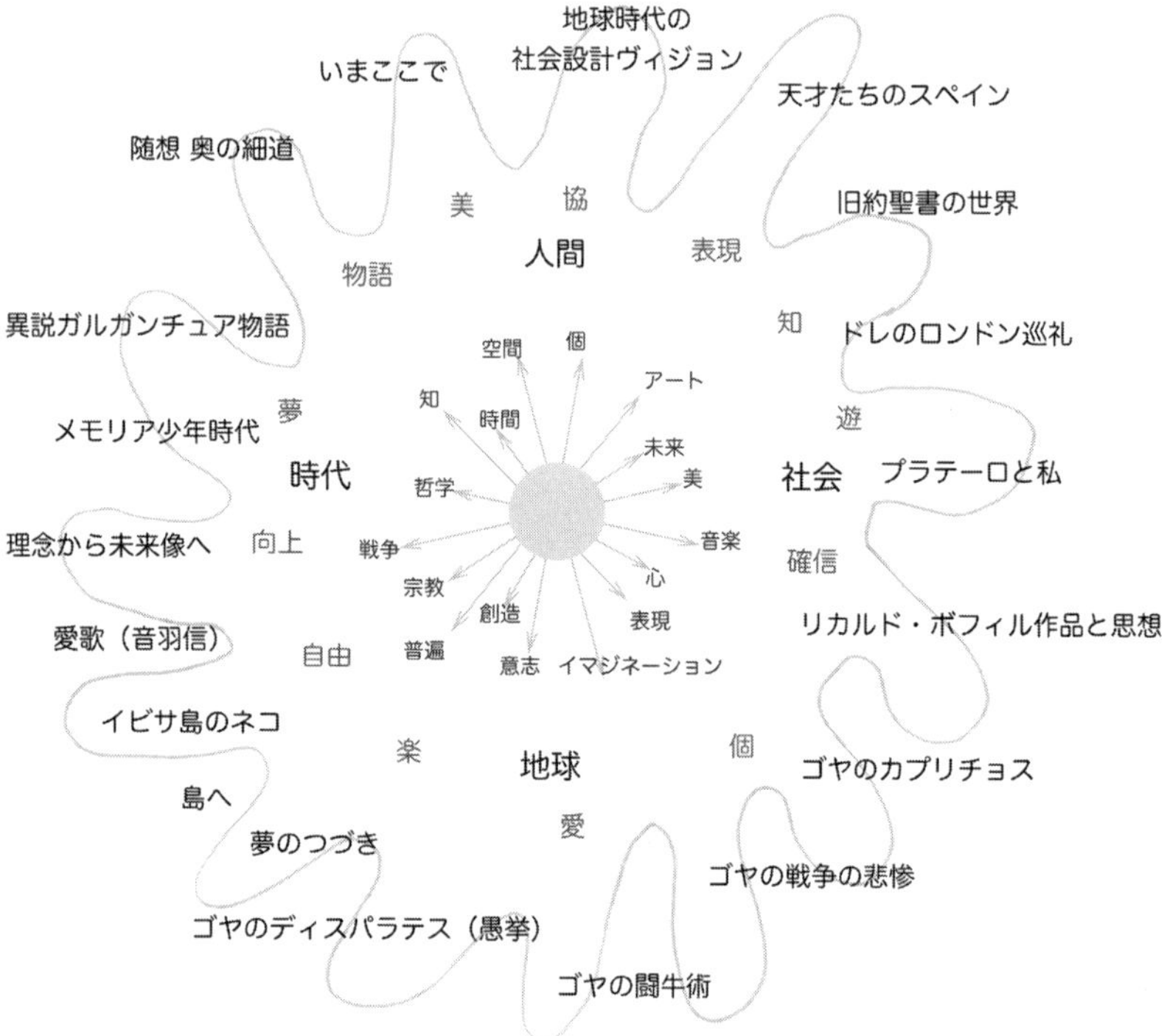

ドレのロンドン巡礼：最初の近代都市 19 世紀半ばのロンドンの光と影＝近代資本主義社会の構造的問題
イビサ島のネコ：カウンターカルチャー時代に奇跡的に成立した無国籍パラダイス＝そうではない場所
天才たちのスペイン：美を求める人間の特性を活かした表現者たち＝最も人間らしい存在としての天才
旧約聖書の世界：現在の世界と近代の社会的時空間のありようと価値観の源＝世界宗教の源の価値観
ゴヤのカプリチョス：人間社会や慣習や権威の奇妙さや過ち、救いとしての表現＝表現による知力の向上
ゴヤの戦争の悲惨：人間が犯す最大の犯罪としての戦争の愚＝世界最初のドキュメンタリー
ゴヤの闘牛術＆ディスパラテス：究極の芸術としての闘牛＝最も豊かな可能性としての表現＆人間の暗部
愛歌（音羽信）：時代に向かって放たれたロックの名歌の半世紀＝人の新たな可能性を求めて
随想 奥の細道：芭蕉が俳句の真髄を追求した旅への同行＝これからの時代の最も豊かな人間的表現
リカルド・ボフィル作品と思想：建築、街、人間の居場所の創造＝谷口江里也の建築的時空間創造論
理念から未来像へ：日本国憲法に正しく基づけば日本はこうなる＝国家という時空間の設計図としての憲法
異説ガルガンチュア物語：ドレの絵を用いたルネサンスの名作の再生＝目指すべきユートピア
いまここで：自宅と仕事場との路で目に止まったものを写した写真と詩＝いま、ここ、こそが生きる場所
プラテーロと私：スペインのノーベル賞詩人、ファン・ラモン・ヒメネスの代表作＝目の前にある豊かさ
メモリア少年時代：記憶の中の少年時代の自然や人々との人間的な触れ合い＝人間的な社会的空間
島へ：人が生きていく上での心の支えや確かさの多様なありよう＝物語の中の言葉が持ち得る伝達力
夢のつづき：人と人とが出会うことの不思議さ、触れ合いの大切さ＝人の内にある多次元的な言語空間

人間社会が犯す最大の犯罪、絶対悪である戦争の愚かさと悲惨さを描いたゴヤの第二版画集の全作品と共に、社会と人間と戦争のありようを描いた『戦争の悲惨』。

戦争の対極にある人間の美を求める心を闘牛を通して描いた『ラ・タウロマキア』と人間の潜在意識や無意識を描いた『ロス・ディスパラテス』。ゴヤの第三、第四版画集。

絵画を王国貴族や教会などの権力や権威から自立させるべく、フランス革命後の民衆を相手に社会のあらゆる誤謬を視覚化したゴヤの第一版画集『ロス・カプリチョス』。

60年代以降のロックムーヴメントとそこから生まれた多様な表現者たちが新たな世界を求めて創り出した歌の心や時代背景を音羽信として表した『愛歌』。

世界で最も短い詩の形式と表すべき領域を示し、誰もが詩人になれる画期的な方法を創出した芭蕉の代表作と共に表現の無限の豊かさについて述べた『随想 奥の細道』。

プロジェクト毎に斬新な方法で建築を創り続けてきた建築家の作品を通してこれからの時代における建築的時空間創造について述べた『リカルド・ボフィル　作品と思想』。

近代を超えたところにあり得る新たな時代の新たな社会を切り拓く際の大きなヒントになり得る先進的で画期的な日本国憲法について述べた『理念から未来像へ』。

ラブレーの物語に添えたドレの画と共に、大巨人が国を治める不思議な楽園王国と、その国が些細なことで巻き込まれた戦争の愚かさを描いた『異説ガルガンチュア物語』。

普段は見過ごしてしまっている身の回りの自然の四季の移り変わりの美しさ豊かさなどを、一年にわたって撮影した写真と詩文によって述べた『いまここで』。

スペインのノーベル文学賞詩人が故郷のアンダルシアの小さな街の人間的で豊かな日々を、愛するロバのプラテーロに語りかけるように描いた『プラテーロと私』の翻訳。

主に私の子どもの頃のエピソードを中心に、子どもたちの世界から、ともすればいまや失われつつある自然やさまざまな人々との触れ合いを描いた『メモリア少年時代』。

私の体験などをベースに、人が仕事をしたり生きていくうえでの心の支えや確かさの多様なありようを巡って書いた十五篇のストーリーからなる短篇集『島へ』。

私が大きな影響を受けた人や出来事をベースに、人が人と出会い触れ合い共に何かをすることや夢の大切さを巡って書いた十二篇のストーリーによる短篇集『夢のつづき』。

そして十七冊目が、本書『ヴィジョンアーキテクトという仕事』です。

どれもこれからの社会に息づいて良いと思われる美意識や価値観や営み、つまりは人間的な社会に向けたヴィジョンを見つめながら、さまざまなアプローチで書いたものです。未知谷の両氏は、そのつど最小限の言葉や表情で私に貴重なアドバイスやヒントや元気を与えてくださいました。とりわけ『島へ』と『夢のつづき』と本書は、お二人の存在がなければ、とうてい生まれ得なかった本でした。

また三〇年にわたってコンスタントに出版を続けて、すでに七〇〇点もの貴重な、そして実に本らしい本をつくり続けてこられた未知谷であってみれば、この作業の間にも多くの素敵な本を出版されています。とりわけ『アリョーシャ年代記』などを書かれた工藤正廣氏、『イーム・ノームと森の仲間たち』などを書かれた岩田道夫氏、『人形』などを翻訳された関口時正氏の仕事には大変勇気づけられました。そこでは、今はまだないけれど、あってもいいはずだと想える何かや、知られて良いはずの確かさ、そして人や人の命や触れ合いや、表現というとても人間的な行為の大切さを再確認させられもしました。
なお本書の第一部は、創業四六〇年を越える長谷木の社長である長谷川晴一氏が主催する文化経営研究塾『木創庵』で私が行ったセミナーの記録を編集したものです。ヴィジョンアーキテクトの働きを振り返って見直すとても良い機会を与えていただきましたことを、この場をかりて感謝いたします。

考えてみれば、人が社会の中で生きて行くということは、大なり小なり、何らかのかたちでプロジェクトに参加し、そこでその人なりの、あるいはその人ならではの役割を果たすことにほかなりません。つまり誰もが、それぞれの場所と時間を、さまざまなプロジェクトと共に生きています。この本や、私がひそかに『地球時代を拓く』一助となることを夢想して著し未知谷が刊行した一連の本のなかに、少しでも読者の皆さまの、今と明日を切り拓く働きの助けにつながる何かを見つけていただけたら幸いです。

二〇二一年、春、仕事場にて、多くの出会いと触れ合いに感謝しつつ。

たにぐち えりや

詩人、ヴィジョンアーキテクト。石川県加賀市出身、横浜国立大学工学部建築学科卒。中学時代から詩と哲学と絵画と建築とロックミュージックに強い関心を抱く。1976年にスペインに移住。バルセロナとイビサ島に居住し多くの文化人たちと親交を深める。帰国後ヴィジョンアーキテクトとしてエポックメイキングな建築空間創造や、ヴィジョナリープロジェクト創造&ディレクションを行うとともに、言語空間創造として多数の著書を執筆。音羽信という名のシンガーソングライターでもある。主な著書に『画集ギュスターヴ・ドレ』(講談社)、『1900年の女神たち』(小学館)、『ドレの神曲』『ドレの旧約聖書』『ドレの失楽園』『ドレのドン・キホーテ』『ドレの昔話』(以上、宝島社)、『鳥たちの夜』『鏡の向こうのつづれ織り』『空間構想事始』(以上、エスプレ)、『イビサ島のネコ』『天才たちのスペイン』『旧約聖書の世界』『視覚表現史に革命を起こした天才ゴヤの版画集1〜4集』『愛歌(音羽信)』『随想奥の細道』『リカルド・ボフィル作品と思想』『理念から未来像へ』『異説ガルガンチュア物語』『いまここで』『メモリア少年時代』『島へ』『夢のつづき』(以上、未知谷)など。翻訳書に『プラテーロと私抄』(ファン・ラモン・ヒメネス著、未知谷)。主な建築空間創造に《東京銀座資生堂ビル》《ラゾーナ川崎プラザ》《レストラン ikra》《軽井沢の家》などがある。

ヴィジョンアーキテクトという仕事

二〇二一年五月十日印刷
二〇二一年五月二十日発行

著者 谷口江里也
発行者 飯島徹
発行所 未知谷
東京都千代田区神田猿楽町二-五-九 〒一〇一-〇〇六四
Tel.03-5281-3751 / Fax.03-5281-3752
[振替] 00130-4-653627

組版 柏木薫
印刷 ディグ
製本 牧製本

Publisher Michitani Co. Ltd., Tokyo
ISBN978-4-89642-636-6 C0010